STATISTIQUE
DES OPINIONS RELIGIEUSES
DU
FUTUR DIOCÈSE D'ALAIS
(1688-1689).

La politique d'extermination du protestantisme, suivie par Louis XIV, amena la révocation de l'Édit de Nantes (Fontainebleau, octobre 1685). La destruction de l'œuvre de Henri IV eut pour la France les plus funestes conséquences, et nous en souffrons encore. D'odieuses mesures de persécution, sans cesse aggravées, soulevèrent les consciences à l'intérieur, et en particulier dans les Cévennes, dont l'administration ne fut plus possible que par la force.

Les inconvénients de ce système firent adjoindre aux moyens militaires de conversion une combinaison d'apparence plus doucement persuasive : la création du diocèse d'Alais. Ce diocèse devait être formé entièrement aux dépens du diocèse de Nîmes.

Dès 1687, le roi désigna François Chevalier de Saulx, docteur de Sorbonne, qui avait été employé depuis longtemps à la conversion des Cévenols, pour l'évêché d'Alais [1].

Dès 1687, également, le roi désigna Esprit Fléchier, évêque de Lavaur, pour l'évêché de Nîmes [2].

Fléchier ne reçut ses bulles qu'en 1692, et de Saulx n'eut les siennes qu'en 1694.

[1] *Gallia Christiana*, t. VI, c. 517 ; *Histoire générale du Languedoc*, édit. Privat, t. XIII, p. 645.

[2] *Gallia Christiana*, t. VI, c. 464 ; Ménard, *Histoire de Nîmes*, t. VI, p. 301.

1.

Le document qui fait l'objet de cette communication est un registre in-folio de 37 feuillets, papier, couvert en parchemin, trouvé dans les archives de l'Évêché de Nîmes lors de leur réintégration aux archives du Gard, en 1909, inédit, et auquel j'ai donné la cote : G 1562.

Après le titre est une carte manuscrite du territoire d'Alais, comprenant les sept archiprêtrés d'Alais, Anduze, Lasalle, Saint-Hippolyte, Sumène, Le Vigan et Meyrueis, avec leurs 85 paroisses, à démembrer du diocèse de Nîmes pour en former le diocèse d'Alais.

Il n'est pas question de ce démembrement dans le registre, mais il est sa seule raison d'être, comme l'événement l'a montré.

Les châteaux sont marqués de rouge sur la carte, avec une étoile. Les plus considérables ont deux étoiles. La limite des sept archiprêtrés ou quartiers est tracée au crayon rouge.

Viennent ensuite une table des archiprêtrés et des paroisses, et un tableau des archiprêtrés, donnant le nombre des anciens catholiques (hommes, femmes, garçons, filles, au-dessus et au-dessous de 12 ans), des nouveaux catholiques (mêmes catégories), des domestiques (ouvriers compagnons, valets, servantes), des fugitifs, des communiants nouveaux catholiques, suivi de l'usage du tableau, au point de vue de ceux qui peuvent prendre les armes.

Chaque archiprêtré particulier est ensuite l'objet d'un tableau donnant ses paroisses, avec les mêmes catégories d'anciens catholiques, de nouveaux catholiques, de domestiques et de fugitifs. Après chaque tableau vient un état : 1° des gentilshommes ou vivant noblement, nouveaux catholiques; 2° de ceux qui sont actuellement dans le service, nouveaux catholiques; 3° des nouveaux catholiques qui ont été dans le service; 4° des nouveaux catholiques capables d'entreprendre; 5° des châteaux.

Toute cette statistique, d'une précision étonnante, se rapporte à l'année 1688.

Ce document est anonyme, plein d'observations pénétrantes, écrit dans une langue brève et dure. Il émane d'un homme habitué à commander et à prévoir, et qui ne s'en fie qu'à lui-même pour se rendre compte des choses.

S'il est de François Chevalier de Saulx, il justifie pleinement le choix de Louis XIV, qui avait besoin d'un inquisiteur de bonne trempe. S'il est de Basville, comme on peut le conjecturer d'après un rapprochement de termes au sujet de M. de Générargues (cf. la note 1 de la page 344), il porte bien la griffe du lion.

L'« État du territoire d'Alais » retrace d'une façon très vivante l'état d'esprit de la noblesse et du peuple dans les Cévennes, et laisse pressentir la guerre des Camisards.

Je pense qu'il fut rédigé pour Fléchier, qui avait à consentir au démembrement de son diocèse. Fléchier, plus occupé de littérature que d'intérêts temporels, se prêta de bonne grâce au sacrifice, et donna le premier son consentement officiel, en 1693 [1].

Le diocèse d'Alais fut définitivement créé en 1694, après des négociations délicates avec le Pape, et des enquêtes compliquées, en raison du grand nombre des intérêts à concilier.

Notre document a certainement beaucoup aidé le clergé de Nîmes à se rallier, unanimement au principe de la création du diocèse d'Alais. Il montre en effet, avec la puissance de la vérité, que le protestantisme était toujours au fond des âmes cévenoles. Il y est resté.

Dès le 13 août 1685, quelques semaines avant la révocation de l'Édit de Nantes, Basville avait succédé à d'Aguesseau dans l'intendance de Languedoc.

Les subdélégués de l'Intendant, les juges des villes, le tenaient au courant des faits et gestes des religionnaires, par des informations ou procédures qui sont encore aux archives de l'Hérault, série C. Enquêtes et rapports foisonnaient.

Les recherches des agents de l'Intendant ont vraisemblablement fourni les chiffres des tableaux. Mais le plan remarquable du travail et les silhouettes si bien enlevées de chacun peuvent appartenir à de Saulx, ou mieux encore à Basville lui-même.

L'article G 1300 des Archives du Gard contient la visite des églises du district d'Alais et des Cévennes par François-Chevalier de Saulx, vicaire général de l'évêque de Nîmes, en 1688. L'article G 1301 contient la visite des églises du diocèse de Nîmes par le même, qualifié de chanoine d'Alais, abbé de Psalmodi et délégué du clergé, en 1690. L'article G 1563 renferme un « État de toutes les paroisses du territoire d'Alais, contenant le spirituel, le temporel, les écoles et le bureau de charité de chaque paroisse, dressé l'année 1691 par ordre de Mgr François Chevalier de Saulx ».

[1] MÉNARD, *Histoire de Nîmes*, t. VI, p. 330.

Mais le document est beaucoup moins complet que son titre et ne s'occupe que de la ville d'Alais, de façon, d'ailleurs, très intéressante [0].

Fol. 1 r° [1].   ÉTAT DU TERRITOIRE D'ALAIS 1689.

Fol. 2 v° et 3 r° [1].   CARTE

DU TERRITOIRE D'ALAIS.

Les châteaux sont marqués de rouge avec une étoile. Ceux qui sont les plus considérables sont marqués de deux petites étoiles.

Les archiprêtrés ou quartiers sont distingués par une raie de crayon rouge. Il y en a sept.

Fol. 4 r° et v° [1].   TABLE

DU TERRITOIRE D'ALAIS.

Archiprêtrés.

	FOLIOS [2].		FOLIOS.
État général	1	St-Hippolyte [4]	5
Alais [3]	2	Sumène [4]	6
Anduze [4]	3	Le Vigan [3]	7
Lasalle [4]	4	Meyrueis [5]	8

[0] Document publié tel quel, incomplet, par Gratien CHARVET, dans le *Bulletin du Comité de l'Art chrétien du diocèse de Nîmes*, t. I, p. 93-114, en 1878, d'après un «original» en la possession de M. A. Rivière de Jean, d'Alais, et différent de l'exemplaire des Archives, qui a, en plus, une table de toutes les paroisses et une table des paroisses de l'archiprêtré d'Alais.

[1] Nouvelle numérotation des folios.

[2] Ancienne numérotation des folios.

[3] Ville devenue une sous-préfecture du Gard.

[4] Ville devenue un chef-lieu de canton du Gard.

[5] Ville devenue un chef-lieu de canton de la Lozère.

Paroisses.

[4] Ville devenue un chef-lieu du canton du Gard.
[6] Hameau de la commune d'Alais (Gard).
[7] Hameau de la commune de Conqueirac (Gard).
[8] Commune du Gard.
[9] Hameau de la commune de Moulès (Hérault).
[10] Église ruinée, servant de bergerie. Fondé au xiie siècle comme maison de secours pour les voyageurs égarés dans la montagne, le monastère de Bonheur est devenu un domaine privé.
[11] Hameau de la commune de Bez (Gard).
[12] Commune de l'Hérault.
[13] Hameau de la commune de Boisset (Gard).
[14] Commune de la Lozère.

[4] Ville devenue un chef-lieu de canton du Gard.

[5] Ville devenue un chef-lieu de canton de la Lozère.

[6] Commune du Gard.

[12] Commune de l'Hérault.

[15] Hameau de la commune de l'Estréchure (Gard).

[16] Hameau devenu Saint-Martin-de-Saussenac, commune de Durfort (Gard).

[17] Aujourd'hui Saint-Jean-du-Pin, commune du Gard.

[18] Aujourd'hui Saint-Pierre-de-Sivignac, hameau de la commune de Tornac (Gard).

[19] Château de la commune de Durfort (Gard).

[20] Ville devenue une sous-préfecture du Gard.

TABLEAU N° I

TABLEAU N° I.

TERRITOIRE D'ALAIS (1688).

ARCHIPRÊTRÉS.	ANCIENS CATHOLIQUES.						TOTAL DES ANCIENS CATHOLIQUES.	NOUVEAUX CATHOLIQUES.						TOTAL DES NOUVEAUX CATHOLIQUES.	TOTAL DES ANCIENS ET NOUVEAUX CATHOLIQUES.
	HOMMES.	FEMMES.	GARÇONS au-dessus de 12 ans.	FILLES au-dessus de 12 ans.	GARÇONS au-dessous de 12 ans.	FILLES au-dessous de 12 ans.		HOMMES.	FEMMES.	GARÇONS au-dessus de 12 ans.	FILLES au-dessus de 12 ans.	GARÇONS au-dessous de 12 ans.	FILLES au-dessous de 12 ans.		
Alais	749	799	566	415	525	513	3,567	1,147	1,224	758	756	924	813	5,622	9,189
Anduze	163	137	106	66	112	72	656	1,772	2,120	1,021	1,100	1,263	1,247	8,523	9,179
Lasalle	75	62	25	17	53	46	278	1,426	1,460	966	956	1,167	1,203	7,178	7,456
Saint-Hippolyte	306	308	211	192	217	220	1,452	1,473	1,660	658	743	736	719	5,989	7,441
Sumène	971	1,036	625	531	522	573	4,258	1,288	1,306	704	633	765	883	5,579	9,837
Le Vigan	1,017	1,085	774	684	746	656	4,942	1,452	1,519	1,044	46	966	891	6,818	11,760
Meyrueis	593	652	397	332	406	369	2,749	420	459	324	258	280	286	2,027	4,776
Totaux	3,874	4,079	2,704	2,299	2,519	2,459	17,902	8,978	9,748	5,475	5,412	6,081	6,042	41,736	59,638

ARCHIPRÊTRÉS.	DOMESTIQUES.			FUGITIFS.	COMMUNIANTS CHEFS DE FAMILLE ET ENFANTS au-dessus de 12 ans.	NOUVEAUX CATHOLIQUES.	
	OUVRIERS COMPAGNONS.	VALETS.	SERVANTES.			ONT COMMUNIÉ CETTE ANNÉE 1688.	N'ONT PAS COMMUNIÉ CETTE ANNÉE 1688.
Alais	260	265	239	298	3,885	2,092	1,773
Anduze	108	253	186	246	6,013	3,458	2,555
Lasalle	125	196	197	266	4,408	2,331	2,077
Saint-Hippolyte	90	191	119	283	4,534	3,187	1,347
Sumène	168	238	312	96	3,921	3,747	174
Le Vigan	222	177	193	250	4,981	4,614	367
Meyrueis	36	129	63	64	1,461	1,453	8
Totaux	1,009	1,449	1,509	1,503	29,203	20,882	8,321

Le total de tout le territoire, tant des anciens et nouveaux catholiques que des domestiques, est de 63,405.

Des 1,503 fugitifs ci-dessus, il y en a 1,351 depuis l'année 1685 jusqu'au mois de janvier dernier (1689), et depuis ledit mois de janvier jusqu'à présent, 152.

USAGE DES PRÉSENTES TABLES.

CEUX QUI PEUVENT PRENDRE LES ARMES, ETC.

On peut voir par cet état, dans un moment :

1°. Combien il y a de monde dans tout le territoire d'Alais ;

2° Combien il y a de monde dans chaque quartier ou archiprêtré ;

3° Combien il y a de monde dans chaque paroisse.

Outre cela, on peut voir aussi dans un instant combien il y a de personnes de chaque espèce, soit anciens, soit nouveaux catholiques, dans tout ledit territoire, dans les différents quartiers, et dans chaque paroisse, — ce qui m'a paru fort nécessaire pour la conduite non seulement du spirituel, mais encore du temporel.

Dans tout le territoire, suivant le calcul exact qui en a été fait, il se trouve 63405 personnes, savoir 17902 anciens catholiques, 41736 nouveaux catholiques[1], et 3767 domestiques.

On peut juger ensuite de ceux qui peuvent porter les armes, parmi les nouveaux catholiques. On en trouve 41736. Il faut d'abord en ôter la moitié. Pour le faire plus facilement, je réduis tous lesdits nouveaux catholiques aux seuls communiants, c'est-à-dire à ceux qui sont au-dessus de l'âge de 12 ans. Il s'en trouve, par un calcul exact, 29203.

Des 29203 communiants nouveaux catholiques, il faut maintenant en retrancher la moitié, savoir les femmes et les filles. Reste 14602.

Et desdits 14602, il faut encore retrancher une autre moitié, savoir les vieillards, les enfants et autres personnes incapables de prendre les armes.

Reste donc 7301 nouveaux convertis qui peuvent prendre les armes, savoir dans :

le quartier d'Alais, 922 ;

le quartier d'Anduze, 1504 ;

le quartier de Lasalle, 1102 ;

le quartier de S¹-Hippolyte, 1134 ;

le quartier de Sumène, 981 ;

le quartier du Vigan, 1146 ;

le quartier de Meyrueis, 364.

Outre cela, la plus grande partie des domestiques peuvent encore

[1] Il convient de rapprocher de ce chiffre celui de 41766 donné par Basville, p. 76 et 78 de ses *Mémoires*, achevés en 1698 (*Mémoires pour servir à l'histoire de Languedoc*, par feu M. DE BASVILLE, intendant de cette province. Amsterdam, Pierre Boyer, 1734, petit in-8° de 334 pages). La statistique de Basville se trouve au sous-chapitre de *L'état de la religion à l'égard des nouveaux convertis.*

prendre les armes, étant la plupart nouveaux catholiques, et d'un bon âge pour le faire.

Lesdits domestiques, savoir les ouvriers ou compagnons et les valets, sont au nombre de 2458, suivant le calcul exact qui en a été fait. On peut réduire ce nombre à la moitié au plus, et ainsi il y aura au moins 1229 domestiques ouvriers et valets qui peuvent prendre les armes, savoir dans :

le quartier d'Alais, 263 ;
le quartier d'Anduze, 181 ;
le quartier de Lasalle, 161 ;
le quartier de St-Hippolyte, 141 ;
le quartier de Sumène, 153 ;
le quartier du Vigan, 200 ;
le quartier de Meyrueis, 83.

On peut voir, par la même méthode, combien il y a aussi de personnes anciens catholiques qui peuvent prendre les armes. Il y a, suivant le calcul de tout le territoire, 13335 communiants anciens catholiques, desquels il faut, comme des nouveaux catholiques, retrancher la moitié. Reste donc 6668, et de ce nombre il faut encore retrancher une moitié, savoir pour les vieillards, etc. Après quoi il reste 3334 personnes qui peuvent prendre les armes parmi les anciens catholiques, savoir dans :

le quartier d'Alais, 642 ;
le quartier d'Anduze, 118 ;
le quartier de Lasalle, 44 ;
le quartier de St-Hippolyte, 254 ;
le quartier de Sumène, 800 ;
le quartier du Vigan, 890 ;
le quartier de Meyrueis, 493.

Il n'y a rien de plus nécessaire pour le progrès de la religion, ou au moins pour empêcher que l'état où elle est empire, que de faire une exacte distinction de tous ceux qui font bien et de tous ceux qui font mal, soit dans le logement des troupes, soit dans les impositions et charges publiques. Du moment qu'on manque à faire cette distinction, les bons se dégoûtent et les méchants triomphent. Il est impossible d'avancer, à moins qu'on ne tienne là-dessus une conduite toujours exacte et uniforme. Il faut nécessairement que le sensible et le temporel agissent aussi bien que le spirituel.

TABLEAU N° II.

ARCHIPRÊTRÉ D'ALAIS (1688).

PAROISSES.	ANCIENS CATHOLIQUES. HOMMES.	FEMMES.	GARÇONS au-dessus de 12 ans.	FILLES au-dessus de 12 ans.	GARÇONS au-dessous de 12 ans.	FILLES au-dessous de 12 ans.	TOTAL DES ANCIENS CATHOLIQUES.	NOUVEAUX HOMMES.	FEMMES.	CATHOLIQUES. GARÇONS au-dessus de 12 ans.	FILLES au-dessous de 12 ans.	GARÇONS au-dessous de 12 ans.	FILLES au-dessous de 12 ans.	TOTAL DES NOUVEAUX CATHOLIQUES.	TOTAL DES ANCIENS ET NOUVEAUX CATHOLIQUES.	DOMESTIQUES. OUVRIERS COMPAGNONS.	VALETS.	SERVANTES.	FUGITIFS.
Alais.	523	599	377	268	387	368	2,522	686	746	314	369	522	423	3,060	5,582	169	105	150	243
Saint-Hilaire-de-Brethmas.	8	7	47	16	4	5	87	82	76	108	78	49	48	441	528	63	55	23	8
Vézénobre.	15	17	3	9	12	15	72	117	120	138	143	95	102	715	787	5	15	9	8
Rihaute.	36	30	38	30	19	24	177	72	81	71	49	54	51	378	555	5	14	4	8
Saint-Christol.	22	11	6	7	9	8	63	46	44	30	24	42	33	219	282	3	25	17	12
Arènes.	4	6	5	3	2	5	25	3	3	»	»	4	4	14	39	»	»	»	»
Le Pin.	25	18	14	15	14	13	99	24	22	12	10	12	8	88	187	3	10	5	3
Cendras.	89	90	66	57	64	53	419	27	31	25	15	33	20	151	570	20	20	15	2
Saint-Paul-Laroste.	11	6	4	5	7	8	41	68	75	41	50	95	110	439	480	»	12	8	13
Sonstelle.	15	15	6	5	7	14	62	22	26	19	18	18	14	117	179	2	9	8	1
Total de l'archiprêtré.	749	799	566	415	525	513	3,567	1,147	1,224	758	756	924	813	5,622	9,189	260	265	239	298

ARCHIPRÊTRÉ OU QUARTIER D'ALAIS.

I

GENTILSHOMMES OU VIVANT NOBLEMENT, NOUVEAUX CATHOLIQUES.

PAROISSES.

Alais.

1. Le sʳ de Montmoirac [1], converti avant la conversion générale. Sa femme est de la maison de La Fare [2], ancienne catholique. Ils n'ont que des enfants en bas âge. Il a un frère dans le service, lieutenant d'infanterie. *En marge :* Ils passent pour honnêtes gens et donnent des marques de fidélité. Deux de leurs frères et une sœur sont hors du Royaume.

2. La dame de Roqueservière [3]. Elle a un fils au service du prince d'Orange [4], [et] deux filles qui sont demeurées à Alais, depuis qu'elle a été envoyée à Narbonne.
En marge : Très dangereuse.

3. Le sʳ Baudan, capitaine de dragons [5]. Il a deux enfants fort petits. Son frère est capitaine d'infanterie.
En marge : Il aurait peine à quitter le parti catholique.

[1] En 1789 M. de Trémolet, marquis de Montmoirac, assista par procuration à l'assemblée de la noblesse de la sénéchaussée de Nîmes (L. DE LA ROQUE, *Armorial de la noblesse de Languedoc, Généralité de Montpellier*, t. II, p. 337).
En 1686, Jean-François de Trémolet-Bucelli, seigneur de Montmoirac, épousa Catherine de La Fare (*Même ouvrage*, t. I, p. 506).

[2] Catherine de La Fare ci-dessus était fille de François de La Fare, baron de Lasalle, seigneur de Saint-Félix, capitaine dans le régiment de cavalerie du baron d'Alais, et d'Anne de Cambis, dame en partie d'Alais (LA ROQUE, *op. cit.*, t. I, p. 280).

[3] Françoise de Villar de Vallongue, veuve de Guillaume de Borelly, seigneur de Roqueservière, figure dans l'*Armorial de Nîmes*, de P. FALGAIROLLE, p. 89.

[4] Guillaume III de Nassau, prince d'Orange (1650-1702), s'empara du trône d'Angleterre en 1688.

[5] Guillaume de Baudan, seigneur de Montaud ou Montaut, domaine de la commune d'Alais, major d'un régiment de dragons, fit enregistrer ses armes dans l'*Armorial* de 1696 (LA ROQUE, *op. cit.*, t. II, p. 14 ; Prosper FALGAIROLLE, *Armorial de Nîmes*, Paris, 1905, in-8° de 161 pages, p. 57).

Saint-Hilaire [de Brethmas].

4. Le s‍ʳ de Peyreblanque[1], vieux et goutteux. Il a deux enfants : un garçon âgé de 12 ans et une fille fort petite. Le garçon est d'un bon naturel. Sa femme a un fils d'un premier lit, âgé d'environ 20 ans.

II

CEUX QUI SONT ACTUELLEMENT DANS LE SERVICE, NOUVEAUX CONVERTIS.

Alais.

1. Le s‍ʳ d'Eyrole[2], capitaine réformé de dragons, à présent aide-major du 2ᵉ régiment de dragons de *Languedoc*. Il n'a qu'un enfant de 6 ans.
En marge : Honnête homme. Il a toujours agi avec effusion pour la religion.

2. Le s‍ʳ Fournier, capitaine dans le régiment d'*Auvergne* depuis 14 ou 15 ans. Il paraît peu en ce pays.
En marge : Il passe pour honnête homme.

3. Le s‍ʳ Deleuze La Clavière, capitaine d'infanterie dans *Vermandois*[3] il y a environ 12 ans.
En marge : Homme fort douteux.

4. Ledit s‍ʳ Deleuze a un frère converti il y a longtemps, et qui a toujours servi. Il commande à présent dans une place du Palatinat, nommée, à ce qu'on m'a dit, Lacquenocq (?).
En marge : C'est un homme sûr et se piquant de son devoir.

5. Le s‍ʳ de Borelly[4], frère naturel du feu s‍ʳ de Roqueservière, âgé de 60 ans, capitaine d'infanterie dans *Auvergne*.
En marge : Génie protestant, comme les parents.

----

[1] Domaine de la commune de Mauguio (Hérault). Voir la note 4.
[2] Lire : *d'Airoles*. Pierre d'Airoles; demeurant au diocèse d'Alais, major d'un régiment de dragons (La Roque, *op. cit.*, t. II, p. 55).
[3] François Deleuz de La Clavière, capitaine d'infanterie au régiment de Vermandois (P. Falgairolle, *Armorial de Nîmes*, p. 68).
[4] Jacques de Borelly de Roqueservière et de Peyreblanque, cornette dans le régiment de l'Isle-cavalerie (P. Falgairolle, *op. cit.*, p. 58).

M. Bligny-Boudurand.   2

6. Le s' Tamaris [1], capitaine dans *Anjou*.

En marge : Méchant et sans religion.

7. Le s' Peyraube, dit la Genebrouse [2], ci-devant capitaine de cavalerie,
à présent capitaine d'infanterie dans *Anjou*.

En marge : On ne le connaît pas au vrai. Douteux.

8. Le s' de Vergèze, capitaine d'infanterie dans le régiment du *R. i.*
Il est à Monaco.

En marge : Très méchant. Fils du s' d'Aubussargues [3], lequel est hors
du royaume avec ses autres enfants. Sa mère est dans le diocèse d'Uzès et
ne vaut rien.

9. Le s' Baudan [4], capitaine de dragons dans le 2* régiment de *Languedoc*.

10. Le s' de Montaut, frère dudit s' Baudan, capitaine d'infanterie dans
la *Reître* [5].

En marge : Le s' de Montaut est au moins douteux. Il a été en prison à
Nîmes pour ses impiétés.

11. Le s' Fournier, fils du bourgeois, capitaine d'infanterie dans 'a
Marine, en garnison à Monaco.

En marge : Assez bon garçon.

12. Le s' Charon, lieutenant de cavalerie du s' de Soustelle-La Fare [6],
dans le régiment de *Mosac*.

En marge : Fort honnête homme, bon catholique aussi bien que son
père et toute sa famille.

13. Le s' Duclos, lieutenant d'infanterie dans le régiment de *La Valette*.
Il ne paraît point en ce pays.

14. Le s' Blanchet, sous-lieutenant dans le régiment d'*Auvergne*.

En marge : Il était sorti du royaume. On en a bonne opinion. Son père
fait bien. Sa mère ne vaut rien.

[1] Audibert (Noël-Claude), sieur de Tamaris, ci-devant capitaine d'infanterie
(P. FALGAIROLLE, *Armorial de Nîmes*, p. 56).

[2] Voir sur la famille Genebrouse l'*Histoire générale de Languedoc*, t. XIV,
col. 1059, 1314 et 1424. Il ne s'agit ici que d'un surnom tiré du nom de cette
famille.

[3] Jean de Vergèze, seigneur d'Aubussargues, diocèse d'Uzès, épousa en 1638
Bonne de Barjac, dont il eut Jacques (La Roque, op. cit. ; t. I. p. 519).

[4] Cf. la note 5, page 16 [334].

[5] Les reîtres étaient, au xvi* siècle, des cavaliers allemands.

[6] Soustelle est une commune voisine de La Grand-Combe (Gard).

15. Le sʳ Abrelin, maréchal des logis du sʳ de Baudan ci-dessus. Il a été ci-devant lieutenant.

En marge : Il a commerce hors du royaume pour les nouvelles. Il est dangereux.

Vézénobre.

16. Le sʳ Dumas, fils du ministre converti, capitaine d'infanterie dans le régiment de la *Reine*.

En marge : Il paraît meilleur que son père.

Saint-Christol.

17. Le sʳ de Trémoulet de Montmoirac[1], lieutenant d'infanterie dans le régiment d'*Angoumois*.

En marge : Bon sujet, brave garçon.

Bagard.

18. Le sʳ des Blatiers de Bagard[2], aide-major dans le régiment de *Bourbon*.

En marge : C'est un fort joli garçon. Il a fait des merveilles à Philippsbourg[3] et n'est pas capable d'une mauvaise conduite. Il a une mère en qui il ne faut pas se fier.

19. Son cadet, nommé La Tour, est dans les *Cadets*[4].

[1] Cf. la note 1 de la page 16 [334].

[2] Les Blatiers sont un hameau de la commune de Bagard (Gard). Voir plus bas, Archiprêtré d'Anduze, II, 15.

[3] Les Français prirent cette ville du grand-duché de Bade en 1644 et 1688.

[4] Louis XIV établit, en 1682, des compagnies de *cadets* qui devaient servir d'école militaire à la noblesse.

III

NOUVEAUX CATHOLIQUES QUI ONT ÉTÉ DANS LE SERVICE.

Alais.

1. Le s^r Dominicé [1], âgé de 5o ans, a été capitaine d'infanterie. Il a quitté le service depuis 1o ans. Il a du bien et mériterait une pension.

En marge : Fort brave. Honnête homme toujours en communication avec les anciens catholiques; ayant même arrêté les mutins pendant les troubles de Saint-Hippolyte [2].

2. Le s^r Deleuze, vice-bailli, âgé de 45 ans, a été capitaine d'infanterie [3]. Il a quitté le service il y a 12 ans. Il a 4oo l. de pension.

En marge : Il doit passer pour suspect. C'est une conduite assez douteuse.

3. Le s^r de Fontanille de Malérargues [4] a été capitaine d'infanterie. Âgé de 4o ou 45 ans. Il a quitté le service il y a environ 12 ans. Il a pension : 4oo l.

En marge : Homme obscur, d'un petit génie. Gendre de la d^{elle} du Gasc, très méchante.

4. Le s^r de Peyraube, âgé d'environ 6o ans, a été capitaine d'infanterie. Il a 3oo l. de pension.

En marge : Pauvre homme, mais dangereux.

5. Le s^r Duclos père, âgé d'environ 7o ans, mais vigoureux, a été lieutenant de cavalerie du feu baron d'Alais [5].

En marge : Il est un bon vieillard.

[1] Pierre Dominissé, capitaine dans le régiment d'Artois (P. FALGAIROLLE, *op. cit.*, p. 68).

[2] Des attroupements protestants se formèrent à Saint-Hippolyte en 1683. Six ou sept cents insurgés occupaient les montagnes environnantes. Ils mirent bas les armes la même année (*Histoire générale de Languedoc*, t. XIII, p. 529, 536, 538).

[3] André Deleuze, vice-bailli au comté d'Alais (P. FALGAIROLLE, *op. cit.*, p. 68).

[4] Malérargues est un domaine de la commune de Saint-Bonnet de Salendrenque (ou de Toiras).

[5] Jacques de Bérard, baron d'Alais, marquis de Montalet, mort en 1684, et inhumé, ainsi que ses descendants, dans le chœur de la cathédrale d'Alais, avait épousé, le 8 janvier 1649, Isabeau de Cambis-Alais, héritière en partie de la baronnie d'Alais.

La sœur d'Isabeau, Anne de Cambis, dame en partie d'Alais, avait épousé, le 11 avril 1655, François de La Fare, baron de Lasalle, seigneur de Saint-Félix,

6. Le sʳ Teissonnière, âgé d'environ 70 ans, et fort goutteux, a été lieutenant de cavalerie.

En marge : Hors d'état d'agir.

7. Le sʳ de Tamaris l'aîné : âgé de 35 ans, a été sous-lieutenant d'infanterie.

En marge : Dangereux.

8. Le sʳ de Daniel-Sᵗ-Remy a été lieutenant d'infanterie, et page de Balthazar, capitaine fameux des Protestants [1]. Il a 45 à 5o ans.

En marge : Espèce de Rousseau fort dangereux [2], séditieux, résolu, violent et entreprenant.

9. Le sʳ de Rouveret-Duplan, âgé de 3o ans, a été lieutenant d'infanterie. Il a quitté depuis 5 ou 6 ans.

En marge : Jeune fanfaron mal intentionné.

Saint-Hilaire [de Brethmas].

10. Le sʳ de Peyreblanque [3], âgé de 6o ans, a été capitaine d'infanterie. Il est fort goutteux.

En marge : Déclaré contre la religion.

IV

NOUVEAUX CATHOLIQUES CAPABLES D'ENTREPRENDRE.

1. Il n'y a personne qui paraisse capable d'entreprise, et de se mettre à la tête d'une sédition. Plusieurs y concourraient s'il se présentait quelque

capitaine dans le régiment de cavalerie dudit baron d'Alais (LA ROQUE, *op. cit.,* t. I, p. 70 et 28o).

Ces deux sœurs étaient aux droits de Jacques de Cambis, leur père, baron d'Alais, mort avec son fils Jacques-Charles, le 21 août 1653, des suites de blessures reçues au siège de Girone, où il commandait toute la cavalerie française (*Recherches historiques sur Alais,* p. 202-203).

[1] Balthazar de Simmeren (Jean), baron de Prangins, militaire et diplomate suisse (16oo-1688), fut successivement au service de Mansfeld, de Gustave-Adolphe, de la France et de l'Électeur Palatin.

[2] Jacques Rousseau, peintre et graveur (163o-1693), membre de l'Académie de peinture en 1682, exclu comme protestant de cette Académie en 1685, se retira en Angleterre. Converti au catholicisme en 1688, il fit alors un court séjour en France, mais retourna définitivement en Angleterre.

[3] Cf. la note 4 de la page 17 [335].

chef. Le plus factieux de tous est le s[r] de St-Remy, dont on vient de parler dans l'article précédent.

En marge : Le s[r] de St-Remy est bon ami du s[r] baron de Lasalle[1], lequel, quoique ancien catholique, est capable d'un mauvais coup. On prétend que s'il avait de l'argent, il serait allé se pervertir.

2. Les s[rs] Deleuze, vice-bailli, Peyraube, Tamaris l'aîné, pourraient agir et prendre parti, si l'occasion s'en présentait.

3. Les s[rs] Plantier, procureur, Troillas le jeune, Deleuze, chirurgien, Ponard Guy, marchand de soie, Josseau le bègue, exciteraient le peuple à la sédition. Aussi le s[r] Gérard, bourgeois, ci-devant condamné à l'Amérique avec sa femme et sa belle-sœur[2].

Les nommés ci-après sont de même tempérament :

4. Valescure, teinturier, condamné à l'Amérique, et actuellement suspect d'assemblée chez lui ou le nommé Martel, teinturier ;

5. Ducros, tanneur, condamné à l'Amérique. Sa mère est chez Mme de Roqueservière et n'a jamais été à l'église. Il a un frère hors du royaume ;

6. Deleuze, apothicaire au Pont-Vieux[3] ;

7. De Soleyrol, facturier de laine, riche ;

8. Gilly Beauregard, au Pont-Vieux, riche et insolent ;

9. Huguet, passementier, rue de la Galère[4] ;

[1] Cf. la note 5, § 2, de la page 20 [338].

[2] Le 21 octobre 1686, Louvois écrivait à Basville : «...Le Roi va se résoudre à changer tous les peuples des Cévennes ; c'est son intention si l'on continue à y faire des assemblées, n'y ayant point de parti que Sa Majesté ne prenne pour mettre ce pays-là sur le pied d'être soumis à ses ordres....» (Lettre des Archives du Dépôt de la Guerre, citée dans *l'Histoire générale de Languedoc*, t. XIII, p. 588.)

La transportation en masse ayant été reconnue impossible, Louvois demanda que l'on choisît les gens les plus influents et les plus capables de commencer les séditions. Deux vaisseaux de la marine royale, armés à Marseille, les transporteraient ensuite dans les îles de l'Amérique et dans le Canada, où leurs femmes pourraient les suivre. Une première voiture de cent déportés, à destination des îles du Nouveau Monde, fut prête le 10 janvier 1687. On la dirigea sur Aigues-Mortes, où les prisonniers furent embarqués pour Marseille. D'autres convois suivirent, à quelque intervalle (*Histoire générale de Languedoc*, t. XIII, p. 590).

[3] Dès le xiie siècle, deux ponts unissaient Alais à la rive droite du Gardon, c'était le Pont-Vieux, en aval, et le Pont de Brouzen, en amont. Au débouché de ces ponts très fréquentés s'étaient créés d'importants faubourgs qui n'ont fait qu'augmenter depuis le moyen âge. (Cf. *Recherches historiques sur Alais*, p. 373-378.)

[4] Cette rue s'appela d'abord *d'En Roma*, du nom de quelque habitant notable (*Recherches historiques sur Alais*, p. 356).

10. Roux, boulanger;

11. Mazel, au Pont-Vieux;

12. Martel le fils, tondeur.

13. Les Guiraudet, Jacques et Marc, et celui de ladite Lèque, seraient d'abord à arrêter. Il n'y a pas d'homme plus dangereux que Jacques Guiraudet. C'est le conseil de tous les autres, habile en son métier, accrédité et ayant commerce hors du royaume, où il a son fils qu'il y fait étudier. C'est lui qui fait les affaires de tous les fugitifs. Il est adroit, et capable de ménager un mauvais dessin [1].

En marge : L'on m'a assuré que ledit Jacques Guiraudet avait tous ses papiers chez Mme de La Tour [2], et qu'il y a bien d'autres choses recelées dans cette maison. C'est où vous logiez la dernière fois.

V

LES CHÂTEAUX, ETC., DANS LE QUARTIER D'ALAIS.

1. Le plus considérable château du côté des Cévennes, en allant d'Alais en Gévaudan, est celui de Saint-Martin, appartenant à M. La Fare. Il est situé sur le chemin du Gévaudan, proche les rivières du Galeizon [3] et du Gardon, dans un lieu aplani et point dominé. Il est à demi-lieue d'Alais. Il y a une forte tour et assez de gros bâtiments.

2. Proche du château de Saint-Martin, attenant presque [à] l'église

[1] «Les sieurs Guiraudet, d'Alais, notaire, et Rodier, avocat, d'Anduze, font plus de mal que tous les autres, et sont souvent cause de tous les désordres, ne craignant pas d'entreprendre, par l'espérance qu'ils ont toujours de sortir d'affaire par la recommandation de leurs amis, dont quelques-uns sont même anciens catholiques...» (Archives de l'Hérault, paquet 42, etc., cité par HUGUES, *Histoire de l'Église réformée d'Anduze,* Montpellier, 1864, in-8° de vii-845 pages, p. 705. Cet extrait est tiré d'un rôle contenant les «Noms des nobles ou bourgeois riches accusés de s'opposer aux efforts pour convertir les protestants. Quartier d'Anduze».)

[2] Probablement la veuve de Louis de La Fare, seigneur de La Tour (LA ROQUE, *Armorial* cité, mot essentiel, car il y a un armorial de la généralité de Toulouse, qu'il ne faut pas confondre avec celui de la généralité de Montpellier, du même auteur tous deux, t. I, p. 281).

[3] Le Galeizon se jette dans le Gardon au pied du léger plateau portant Saint-Martin-de-Cendras, abbaye ruinée, devenue, après bien des dévastations, une ferme. Le château de M. de La Fare, situé à un kilomètre de l'ancienne abbaye, sur l'autre rive du Galeizon, s'appelle aujourd'hui : La Fare.

paroissiale de Cendras, est une vieille tour qu'il faudrait occuper ou démolir. C'est la tour du Puech[1], plus proche d'Alais que Saint-Martin.

3. De l'autre côté de la rivière est l'abbaye de Cendras, où l'on pourrait se renfermer et se retrancher[2].

4. La maison du s' de Mandajors, nommée Mandajors, à deux lieues et demie d'Alais, est dans une situation très forte[3]. C'est un rocher escarpé de trois côtés, fort étroit du côté de l'avenue, avec une espèce de glacis de rocher. Elle est au milieu de[4] Saint-Paul de Lacoste, de Mialet[5], de Saint-Étienne de Valfrancesque[6], de Saint-Martin de Boubaux[7], de Soustelle, tous lieux fort dangereux. On a tenu des assemblées, à la vue de cette maison, sans qu'on pût y aller. Le logement consiste en une tour et un petit corps de logis. On y pourrait établir une compagnie.

5. Du côté du plat pays, sur le chemin de Montpellier, à côté de la prairie d'Alais, il y a le château de Montmoirac[8]. Sa situation est avantageuse. Il est sur une éminence que rien ne domine, dans un lieu assez aplani. Il y a deux tours assez fortes. Ce château serait important. C'est à demi-lieue d'Alais.

6. Sur le chemin d'Anduze, à demi-lieue d'Alais, à la droite du pont d'Arènes, est le château d'Arènes[9], lequel a été fort de conséquence aux catholiques dans les guerres de Rohan[10]. Ce château est sur la petite rivière qui passe au pont en allant d'Alais à Anduze. On pourrait y établir du monde et s'y défendre. Il y a une espèce de fossé avec un pont-levis et quelques flancs[11].

[1] Le hameau du Puech domine, sur la rive droite du Galeizon, le confluent de ce cours d'eau avec le Gardon. La tour couronnant le mamelon occupait une situation plus forte que le château de M. de La Fare, même rive du Galeizon, et que l'abbaye, rive gauche du Galeizon. Le château, le Puech et l'abbaye formaient les trois sommets d'un triangle équilatéral de moins d'un kilomètre de côté. La tour du château de La Fare et la tour du Puech se voient encore.

[2] Voir la note précédente.

[3] Louis-Bernard des Ours, seigneur de Mandajors, fut premier consul d'Alais de 1689 à 1691. Le hameau de Mandajors est dans la commune de Saint-Paul-Lacoste (Gard), et domine les escarpements d'un affluent du Galeizon.

[4] C'est-à-dire au centre de l'aire délimitée par les communes énumérées.

[5] Commune du Gard.

[6] Commune de la Lozère.

[7] Ibid.

[8] Commune de Saint-Christol-lès-Alais (Gard).

[9] Commune d'Alais.

[10] Henri Ier, duc de Rohan (1579-1638), chef du parti calviniste après la mort de Henri IV, força les armées de Louis XIII, en 1622, à lever les sièges de Montauban et de Montpellier, et guerroya dans les Cévennes en 1628 et 1629.

[11] Tous ces châteaux figurent sur la «Carte du territoire d'Alais».

TABLEAU N° III

TABLEAU N° III.

ARCHIPRÊTRÉ D'ANDUZE (1688).

PAROISSES.	ANCIENS CATHOLIQUES. HOMMES.	FEMMES.	GARÇONS au-dessus de 12 ans.	FILLES au-dessus de 12 ans.	GARÇONS au-dessous de 12 ans.	FILLES au-dessous de 12 ans.	TOTAL DES ANCIENS CATHOLIQUES.	NOUVEAUX CATHOLIQUES. HOMMES.	FEMMES.	GARÇONS au-dessus de 12 ans.	FILLES au-dessus de 12 ans.	GARÇONS au-dessous de 12 ans.	FILLES au-dessous de 12 ans.	TOTAL DES NOUVEAUX CATHOLIQUES.	TOTAL DES ANCIENS ET NOUVEAUX CATHOLIQUES.	DOMESTIQUES. OUVRIERS COMPAGNONS.	VALETS.	SERVANTES.	FUGITIFS.
Anduze	82	75	38	24	56	43	318	677	825	335	351	466	430	3,084	3,402	43	43	82	91
Saint-Jean-de-Gardonnenque	20	17	[illegible]	[illegible]	12	10	73	458	579	267	324	338	390	2,356	2,429	40	55	60	83
Saint-Félix	11	8	9	10	5	4	47	47	46	21	46	36	29	225	272	»	13	2	1
Corbès	»	»	»	»	»	»	»	16	19	10	11	20	12	88	88	3	10	1	3
Mialet	20	14	11	9	11	4	69	225	259	139	140	159	261	1,083	1,152	4	21	3	17
Générargues	4	3	4	5	7	1	24	76	83	49	44	66	89	407	431	7	23	4	21
Bagard	1	2	1	»	2	»	5	29	30	15	11	16	12	113	118	»	14	7	3
Saint-Sébastien-d'Aigrefeuille	3	3	6	2	1	»	15	71	71	42	35	28	17	264	279	7	18	5	»
Saint-Baudile-de-Tornac	7	7	5	4	6	4	33	52	68	45	50	65	32	312	345	»	»	»	»
Gaujac	5	3	3	3	2	»	16	10	12	13	11	4	10	60	76	1	7	3	8
Boisset	4	4	18	»	4	1	31	41	38	22	17	26	31	175	206	»	18	3	8
Saint-Martin-de-Vibrac	2	1	2	»	2	»	6	13	12	5	7	7	6	50	56	»	21	10	1
Saint-Pierre-de-Civignac-de-Tornac	4	2	2	3	5	5	19	57	78	58	53	32	28	306	325	3	20	6	10
Total de l'archiprêtré	263	137	106	66	112	72	656	1,772	2,120	1,021	1,100	1,263	1,247	8,523	9,179	108	253	186	246

ARCHIPRÊTRÉ OU QUARTIER D'ANDUZE.

I

NOUVEAUX CATHOLIQUES GENTISLHOMMES OU VIVANT NOBLEMENT.

PAROISSES.

Anduze.

1. Le s' de Générargues [1]. Il n'a qu'un fils et une fille, tous deux en bas âge. A Anduze.

En marge : Il est naturellement timide et tranquille. Il a de l'esprit et quelque étude, et fait assez.

Saint-Jean de Gardonnenque.

2. Le s' de La Valette. Il a 8 garçons et 2 filles, le 1" âgé de 25 ans, le 2ᵈ de 22, le 3ᵐᵉ de 20, le 4ᵐᵉ de 18. Les autres sont en bas âge. Le 1" est sous-lieutenant, le 3ᵐᵉ aux Cadets, les 2ᵐᵉ et 4ᵐᵉ hors du royaume [2]. Le s' de La Valette est relégué [3].

En marge : Cette famille est fort opposée à la religion. L'aîné des enfants a de bons sentiments. Son père le gâte.

[1] François-Pierre Petit de Vidal, seigneur de Générargues, Boisset et La Blaquière (P. Falgairolle, *op. cit.*, p. 81). «Le sieur de Générargues, habitant Anduze, fort timide et tranquille, paraît bien intentionné; il n'a qu'un fils». (Archives de l'Hérault, paquet 42, extrait d'un dossier intitulé : «Mémoires de M. l'Intendant Basville», cité par J.-P. Hugues, *Histoire de l'Église réformée d'Anduze*, p. 705.)

[2] Jacques de Vignoles, seigneur de La Valette, de Cabrières, épousa, le 1ᵉʳ juillet 1659, Nymphe de La Font de Cabrières, dont il eut 8 garçons et 2 filles : 1. François (voir la note 5 de la page. 348); 2. Louis; 3. Maurice; 4. Charles; 5. Pierre; 6. Gabriel; 7, Marc-Antoine, et 8. Jean-Jacques; 9. Alix-Louise, et 10. Marguerite.

Louis mourut à Vézel, dans le pays de Clèves. Charles, capitaine au service de la Hollande, fut tué à Furnes en combat singulier. Maurice devint lieutenant dans le régiment hollandais et fut tué au siège de Limerick en Irlande, en 1691 (La Roque, *op. cit.*, p. 522).

[3] Dans une autre partie du royaume.

3. Le s^r de Vannières[1]. Il n'est pas marié. Il demeure dans sa maison de campagne.

En marge : Il est prudent et parait bien intentionné.

4. Le s^r des Plantiers[2]. Il a deux garçons, le premier âgé de 22 ans, le second de 18. Ils servent dans les troupes. Dans Saint-Jean de Gardonnenque.

En marge : Il est fort honnête homme. Il a donné et donne des marques de religion.

5. Le s^r de Serres[3]. Il a un garçon et deux filles, tous en bas âge. Il demeure dans une métairie de ladite paroisse de Saint-Jean de Gardonnenque.

En marge : Sage, et paroissien bien intentionné.

6. Le s^r de Caladon de La Case[4]. Il a deux garçons et deux filles, tous en bas âge. A Saint-Jean de Gardonnenque.

En marge : Il est vif. Il fait son devoir.

7. Le s^r d'Assas de Marcassargues[5]. Il n'est pas marié. Il demeure à son château de Marcassargues, proche Saint-Jean de Gardonnenque, [à] environ 3 quarts de lieue.

En marge : Dangereux, méchant, mal intentionné et capable de beaucoup de mal. Il faudrait l'arrêter s'il y avait quelque mouvement.

8. Le s^r de Mailet, demeurant à son château de Malbosc[6]. Il est très vieux.

[1] Banières est un hameau de la commune de Saint-Jean-du-Gard (avant la Révolution : Saint-Jean-de-Gardonnenque). François de Banières figure dans P. FALGAIROLLE, *op. cit.*, p. 56.

[2] Michel de Tourtoulon, seigneur des Plantiers, troisième fils de Pierre de Tourtoulon, seigneur de La Coste, eut pour frères Jean et Antoine (LA ROQUE. *op. cit.*, t. I, p. 501).

[3] Philippe de Bergier, seigneur de Serres (P. FALGAIROLLE, *op. cit.*, p. 58).

[4] Jean de Caladon, sieur de La Case (P. FALGAIROLLE, *op. cit.*, p. 60).

[5] Le dernier seigneur de Marcassargues dont il soit question dans LA ROQUE, *Armorial de Languedoc, Généralité de Montpellier*, déjà cité, est François d'Assas, seigneur de Marcassargues et de Saint-Jean-de-Gardonnenque, demeurant au château de la Rouvière (t. I, p. 32).

[6] François de Meilet, seigneur de Malbosc, fit faire une enquête avec ses frères Jean et Jacob, le 4 octobre 1653, au sujet de leur noblesse et du changement de leur nom de Masclet en celui de Meilet (LA ROQUE, *op. cit.*, t. I, p. 343). Malbosc est un domaine de la commune de Saint-Jean-du-Gard.

9. Le sʳ de Toiras, ou le sʳ Mestre[1]. Il a des enfants tous en bas âge.
En marge : Incapable d'aucune entreprise.

Saint-Baudile de Tornac.

10. Le sʳ Galiens. Il a 55 ans. Ses enfants [sont] en bas âge.

Gaujac.

11. La famille de Lascours[2]. L'aîné [a] 22 ans; le cadet 21, sous-lieutenant; le 3ᵐᵉ 20 ans, lieutenant. Tous assez doux et honnêtes gens.
En marge : On n'en dit rien de mal.

———

II

CEUX QUI SONT ACTUELLEMENT DANS LE SERVICE, NOUVEAUX CONVERTIS.

Saint-Jean de Gardonnenque.

1. Le sʳ de Tourtoulon de La Coste, fils du sʳ des Plantiers, capitaine de cavalerie dans le régiment de *Sebourg*[3].
En marge : Il est honnête homme.

2. Le sʳ de Tourtoulon, son frère, lieutenant de cavalerie dans sa compagnie[4].
En marge : Aussi honnête homme.

3. Le sʳ de La Valette de Cabrières, ou de Vignoles[5], sous-lieutenant

[1] Toiras, commune du Gard, faisait partie de la viguerie d'Anduze. — Le vieux château, possédé longtemps par la famille de Saint-Bonnet de Toiras, subsiste encore. Jacques de Bermond de Saint-Bonnet, seigneur de Toiras, demeurant audit château, n'eut que des filles (La Roque, *op. cit.*, t. I, p. 75). Il est probable que le sieur Mestre avait épousé l'une d'elles.

[2] Lascours est un domaine de la commune de Boisset-et-Gaujac (Gard).

[3] La Roque est muet sur les enfants de M. des Plantiers. Nous avons vu plus haut (Archiprêtré d'Anduze, I, 4) que M. des Plantiers avait deux garçons. Notre texte donne ici le nom de l'aîné.

[4] Nous apprenons ici un détail de plus sur le fils cadet de M. des Plantiers.

[5] François de Vignoles de La Valette de Cabrières devint capitaine dans le régiment d'Auvergne et fut tué à la bataille de Fleurus de 1690 (La Roque, *op. cit.*, t. I, p. 522).

d'infanterie dans le régiment d'Auvergne. Il a un frère dans les Cadets[1].

En marge : Fils d'un père très dangereux. Sans cela il vaudrait quelque chose, et l'on pourrait s'y fier[2].

4. Le s[r] de Sorbier, lieutenant de cavalerie dans le régiment de *Masseau.*
En marge : Il faut l'observer. Douteux.

5. Deux enfants du s[r] de Seuilles[3], et un autre du s[r] Savin aux Cadets[4].

Anduze.

6. Le s[r] Dumesnil, capitaine de cavalerie. Il achève [de former] sa compagnie. On ne sait encore de quel régiment, n'étant pas incorporé. La compagnie est presque toute composée de gens très suspects.
En mar e : Il a toujours paru sage et fidèle.

7. Le s[r] Coste, garde du corps dans la compagnie de M. le duc de Noailles[5].
En marge : Très honnête homme et bon catholique.

8. Le s[r] Pascal de Fregère[6] fils, capitaine dans le régiment de *Rouergue.*
En marge : Sage et bien intentionné.

9. Le s[r] Descombiers[7], capitaine dans le régiment de *Rouergue.*
En marge : Sage aussi et bien intentionné.

10. Le s[r] Robert, capitaine dans le régiment *Dauphin*, et ingénieur.
En marge : Encore sage et bien intentionné.

[1] Voir la note 2 de la page 28 [346].

[2] François de Vignoles de La Valette de Cabrières, tué à Fleurus au service du roi, justifia ce pronostic. C'est une des nombreuses preuves de l'exactitude des renseignements de notre document.

[3] Le château de Sueilles est marqué sur la «Carte du territoire d'Alais», entre Mialet et Saint-Jean-de-Gardonnenque, archiprêtré d'Alais. Pierre Reboutier, sieur de Sueilles et de Lauret, figure dans P. FALGAIROLLE, *op. cit.*, p. 82.

[4] Théodore de Savin, capitaine de cavalerie, figure dans P. FALGAIROLLE, *op. cit.*, p. 85.

[5] Anne-Jules, duc de Noailles (1650-1708), maréchal de France, gouverneur de Languedoc, exécuta en cette qualité les ordres de Louvois contre les protestants.

[6] Frégère est un hameau de la commune de Saint-Étienne-de-Vallée-Française (Lozère).

[7] En 1789 un Descombiès fit partie de l'assemblée de la noblesse de la sénéchaussée de Nîmes (LA ROQUE, *op. cit.*, t. II, p. 334).

11. Le s^r de Besesses [1], sous-lieutenant dans le régiment de *Rouergue*.
En marge : Il paraît honnête homme.

12. Le s^r Cavalier, maréchal des logis du s^r Dumesnil ci-dessus.
En marge : Mal dans ses affaires et prêt à prendre le meilleur parti qui se présentera pour les rétablir. Hardi et entreprenant.

Saint-Sébastien.

13. Le s^r de Rosel de Saint-Sébastien [2], capitaine de cavalerie dans *Du Gas*, et neveu de M. du Gas. Il est seigneur de Saint-Sébastien. Il est aussi neveu du s^r de La Bastide [3], lequel est avec le prince d'Orange.
En marge : Doux et honnête. Fils d'une méchante mère.

Gaujac.

14. Le s^r Castelnau de Lascours [4], lieutenant dans le régiment de *Piémont*. Le s^r de La Valette de Lascours [5], son frère, sous-lieutenant dans le même régiment. Ils ont un frère qui fut débauché par le fils du ministre Boyer [6], lequel est à présent dans les troupes du prince d'Orange.
En marge : Ils sont tous deux honnêtes gens, d'un tempéramment tranquille.

Bagard.

15. Le s^r des Blatiers de Bagard, aide-major dans *Bourbon*, ci-dessus à l'archiprêtré d'Alais. Il faut le rapporter ici, Bagard étant d'Anduze.

[1] Voir dans Huguès, *op. cit.*, p. 602, la nomination, entre autres, du « sieur de Begesses », comme conseiller politique de la première échelle, à Anduze, par arrêt du Conseil daté de Saint-Germain, 20 novembre 1679. Voir aussi dans *Les Camisards en action; Lettres du prieur de Miellet* (Mialet), *leur contemporain,* publiées par H. Affre, Rodez, 1890, in-8° de 147 pages, p. 88 et 89, le texte d'une lettre adressée à « Monsieur Bezesle, à Anduze », lequel parlait mal des « enfants de Dieu ». Ces diverses graphies désignent le même personnage.

[2] Charles de Rosel, seigneur de Saint-Sébastien [d'Aigrefeuille], épousa Delphine de Beaune (La Roque, *op. cit.*, t. 1, p. 446).

[3] Théodore Massanes, sieur de La Bastide, docteur et avocat, figure dans P. Falgairolle, *op. cit.*, p. 77.

[4] Voir plus haut, Archiprêtré d'Anduze, I, 11.

[5] Joseph de La Valette de Bologne, seigneur de Lascours, figure dans P. Falgairolle, *op. cit.*, p. 88.

[6] Pierre Boyer, ministre, et son fils, avocat, figurent sur une liste des habitants d'Anduze qui se hâtèrent de sortir du royaume dès la révocation de l'Édit de Nantes (Huguès, *op. cit.*, p. 672).

III

CEUX QUI ONT ÉTÉ DANS LE SERVICE, NOUVEAUX CONVERTIS.

Anduze.

1. Le s' Portal, âgé de plus de 60 ans, mais encore assez vigoureux, a été capitaine, et [a] commandé un bataillon dans le régiment de *Castres*. Il a servi pendant plus de 3o ans, et n'a quitté que depuis 6 ou 7 ans.

En marge : Mal converti, prompt naturellement et chagrin. Il a cependant de la fidélité et de l'honneur, et l'a fait paraître dans les troubles de St-Hippolyte[1]. Il faudrait l'observer de près.

2. Le s' Charles Brunel, âgé d'environ 5o ans, a été capitaine dans le régiment de *Normandie*, deux ou trois ans[2]. Il a quitté il y a environ 15 ans.

En marge : Homme séditieux, d'ailleurs de peu de capacité.

3. Le s' Jean Brunel, son frère, âgé d'environ 6o ans, a été lieutenant dans le régiment de *Canillac*[3]. Il a quitté il y a plus de 2o ans.

En marge : Mal intentionné, mais peu dangereux pour l'entreprise.

4. Le s' Soulier de Massiès[4], âgé d'environ 3o ans, a été lieutenant dans le régiment de *Castres*. Il a quitté il y a cinq ou six ans.

En marge : Brusque et emporté, mais incapable de rien entreprendre.

Saint-Bauzile de Tornac.

5. Le s' Marc Paulet a été maréchal des logis dans le régiment de *Du Gas*. Âgé de 45 ans. Il a quitté depuis 7 à 8 ans.

En marge : Zélé pour la religion, et tranquille.

6. Guillaume Barbusse, menuisier, a été sergent. Âgé de 5o ans. Il a quitté depuis 9 ou 10 ans.

En marge : Bon homme, faisant bien son devoir.

[1] Voir la note 2 de la page 2o [338].

[2] Charles Brunel, ci-devant capitaine d'infanterie dans le régiment de *Normandie*, et à présent lieutenant du grand louvetier de France en Languedoc (P. Falgairolle, *op. cit.*, p. 6o).

[3] Jean Brunel, ci-devant lieutenant de cavalerie dans le régiment *Cardinal*, et à présent lieutenant des chasses des plaisirs du roi, des garrigues de Nîme- (P. Falgairolle, *ibid.*).

[4] Massiès est un hameau de la commune de Toiras (Gard).

M. Bligny-Bondurand.

7. Jacques Flavarel, baile de Tornac, âgé d'environ 50 [ans], a été sergent dans le régiment de *Rouergue*.

En marge : Peu affectionné à la religion, mais apparemment incapable de sédition.

Mialet.

8. Jean Cabanis, tisserand, a été longtemps dans les troupes. Âgé de 58 ans,

En marge : Homme inquiet et brouillon.

Saint-Jean de Gardonnenque.

9. Le s' des Vanels[1] a été lieutenant de cavalerie. Il s'est retiré depuis dix ans.

En marge : On ne sait qu'en dire.

10. Le s' des Plantiers a été capitaine de cavalerie. Il s'est retiré depuis deux ans.

En marge : Il a donné des marques qu'il est honnête homme.

11. Le s' Savin a été capitaine de cavalerie. Il n'a quitté que depuis six mois.

En marge : On en parle comme d'un honnête homme.

12. Le s' de Serres a été lieutenant de cavalerie. Il n'a quitté que depuis six mois.

En marge : La même chose.

13. Le s' de Cambecrose a été lieutenant d'infanterie. Il n'a quitté que depuis six mois.

En marge : Homme de peu d'usage.

14. Le s' Saliens a été cornette. Il s'est retiré depuis dix ans.

En marge : Fort douteux.

15. Le s' Jonquière, bourgeois, a été dragon.

En marge : Affectionné à la religion.

Saint-Félix.

16. Le s' Saurin, âgé de 78 ans, a été capitaine de cavalerie. Bien intentionné.

17. Le s' Darvieux[2], son gendre. Mal intentionné.

[1] Les Vanels sont un hameau de la commune de Vébron (Lozère).
[2] Un David Darvieu, docteur et avocat, figure dans P. FALGAIROLLE, *op. cit.*, p. 67.

IV

NOUVEAUX CATHOLIQUES CAPABLES D'ENTREPRENDRE.

Anduze.

1. Le s^r Portal, autrefois capitaine.

En marge : Quoiqu'il ait donné des marques de fidélité par le passé, il est chagrin, et devrait être observé, pouvant faire plus de mal que personne dans le quartier d'Anduze.

2. Le s^r Charles Brunel, autrefois capitaine.

En marge : Homme étourdi, capricieux et très mal intentionné. Il a été autrefois arrêté, a promis merveilles, et a fait pis que jamais. A l'occasion de la dernière assemblée qui s'est faite [1], il a tenu des discours insolents et séditieux, en présence du s^r Chevalier, vicaire d'Anduze, homme sage et sûr en ce qu'il dit.

3. Le s^r Michel Dumas, bourgeois. On croit qu'il a concerté les dernières assemblées, et même qu'il s'est trouvé à celle de Mialet [2]. On le rencontra il y a quelque temps dans un bois où les habitants d'Anduze dissipèrent une espèce d'attroupement. Il a tenu les mêmes discours que le s^r Brunel à l'occasion de la dernière assemblée.

En marge : Brouillon, intrigant, séditieux.

4. Le s^r Simon Bourelly, bourgeois.

En marge : Homme toujours séditieux. Il fut à la tête des mutins dans la sédition du nommé Roure [3]. Ledit Bourelly est très dangereux parmi le peuple. Naturellement fourbe et violent.

---

[1] Le 20 septembre 1683 eut lieu à Anduze une assemblée de direction des Églises des Cévennes et Gévaudan, pour implorer un adoucissement de la politique royale. Une députation de cette assemblée présenta requête au duc de Noailles, à La Voulte, pour le rétablissement de l'exercice du culte réformé à Saint-Hippolyte, où le célèbre et infortuné ministre Claude Brousson avait prêché, le 11 juillet précédent, malgré les exécutions militaires, ou *missions bottées.* Noailles envoya tous les députés prisonniers dans la citadelle de Pont-Saint-Esprit (*Histoire générale de Languedoc*, t. XIII, p. 536-537 ; Hugues, *op. cit.*, p. 616-627).

[2] Les premiers apôtres du *désert* tinrent des assemblées dès le mois de novembre 1685. Elles furent trop nombreuses, dans les montagnes escarpées des Cévennes, pour que l'histoire les ait toutes enregistrées. Il n'est pas question de Mialet, dans les auteurs avant la guerre des Camisards, postérieure à notre document. Hugues, *op. cit.*, mentionne, parmi les prédicants antérieurs, un Dumas, cardeur de profession, âgé de 40 ans, d'Anduze (p. 661).

[3] En 1670 les vexations des traitants et des commissaires exacteurs déterminèrent un soulèvement dans les montagnes du Vivarais. Jacques Roure se mit à

5. Le s^r Ours, chirurgien. Famille déclarée contre la religion.

En marge : Capable de tout entreprendre.

6. Michel Teissier, teinturier.

En marge : Il dogmatise. Passionné pour le huguenotisme.

7. Henri Cabanis, facturier. Il a été en Suisse, d'où il est revenu depuis 7 ou 8 mois. Il a suivi autrefois Bringuier [1] et Vivens [2], prédicants, et a encore commerce avec les prédicants d'aujourd'hui. Il est dans la liste de ceux que Bringuier et Vivens donnèrent avant de partir [3].

En marge : Il faudrait d'abord l'arrêter, étant très intrigant.

8. Timothée Cabanis, boucher. Il a été dans les troupes.

En marge : Toujours éloigné de son devoir, et attaché au huguenotisme.

9. Roussel, cardeur. Il est resté longtemps dans les troupes. Étant malade dangereusement, il rejeta avec emportement les sacrements, et parla très outrageusement à ceux qui voulaient l'engager à faire son devoir.

En marge : Hardi jusqu'à l'insolence.

10. Seyte, charpentier, et Seyte, cordonnier.

En marge : Race de séditieux. Leur père toujours à la tête des mutins. Capables d'entreprise.

11. Jean Maurin, tisserand, et Fesquet, boulanger, ont été longtemps dans les troupes.

En marge : Capables d'entreprendre. Pleins d'aversion pour la religion.

---

a tête de l'insurrection, mit en fuite les commis des gabelles, et il fallut deux lieutenants généraux, le comte du Roure et le marquis de Castries, pour le réduire à la fuite. Arrêté sur la frontière de Navarre, il fut roué vif à Aubenas. La foule le considéra comme un martyr et se disputa les lambeaux de ses vêtements (*Histoire générale de Languedoc*, t. XIII, p. 496).

[1] Antoine Bringuier, de Lasalle, âgé de 25 ans, figure dans la liste des premiers prédicants des Cévennes (Hugues, *op. cit.*, p. 661).

[2] En 1689, Broglie et Basville, dans leur rapide inspection des Cévennes, après la soumission du Vivarais, apprirent que l'on voyait circuler en plein jour, entre Florac et le Pompidou, une troupe d'environ 400 hommes armés, marchant sous les ordres d'un chef nommé Vivens. C'était un cardeur de laine de Valleraugue (Gard), ayant suivi les assemblées du désert, en y faisant parfois l'office de prédicant. Il avait longtemps défié toutes les poursuites, et avait pu se retirer en Hollande, moyennant l'engagement de ne plus revenir en Languedoc. L'explosion de la guerre générale, à la suite de la ligue d'Augsbourg (1686), parut à Vivens un motif suffisant pour rentrer dans les Cévennes (*Histoire générale de Languedoc*, t. XIII, p. 616-617).

[3] Sous-entendre : pour la Hollande, à la suite de négociations avec un maréchal de camp des armées royales.

12. La même chose : Ris, cordonnier, Alteyrac, cordonnier, Nicolas, cardeur, André Ste-Croix, Reille, tisserand, Nicole, cordonnier, Cabanis, teinturier, Salle, boulanger.

En marge : Tous dangereux, et toujours du mauvais parti.

13. Le s^r Isaac Rodier, avocat [1]. Ce fut lui qui eut le plus de part dans les affaires de Saint-Hippolyte, agissant de concert avec Olympie [2], ce qui dure encore.

* *En marge :* Timide pour l'exécution, mais hardi pour le conseil. Il est très accrédité dans tout le pays.

Mialet.

14. Le s^r de Vignole d'Aubignac [3], fils du s^r de Brin de Lasalle, lequel a épousé une fille de Nîmes.

En marge : Rusé, intrigant, d'un extérieur passable, mais traître au fond, et ne valant rien.

15. Jean Cabanis, tisseur. Il a servi longtemps dans les troupes.

En marge : Il remuerait le peuple.

Saint-Sébastien.

16. Le s^r Félines. Il est décrié dans la paroisse et n'a guère d'autorité parmi le peuple.

En marge : Opiniâtre et chagrin.

17. Le nommé Privat. On dit qu'il est intéressé dans l'équivalent [4] du côté d'Uzès. Il roule dans les Cévennes avec de très méchants pendards,

[1] L'avocat Rodier fut député, le 22 août 1683, avec quatre autres membres du consistoire d'Anduze, à l'assemblée d'Alais qui se tint le 24 août, au sujet de la reprise de la prédication à Saint-Hippolyte (Hugues, *op. cit.*, p. 619). Voir la note 1 de la page 35 [353]. Isaac Rodier, docteur et avocat d'Anduze, figure dans Falgairolle, *op. cit.*, p. 82.

[2] Domaine dans la commune de Saint-Paul-Lacoste, sur la rive gauche du Galeizon. Hugues, *op. cit.*, p. 609-610, publie une dénonciation du 28 août 1680, portant que le 26 août, jour de foire à Alais, beaucoup de ministres étrangers s'y réunirent. On y voit : «Olimpies, ministre de Saint-Paul». Cela signifie que M. d'Olympies était ministre de Saint-Paul-Lacoste, et donne l'explication de notre texte. Voir sur Olympies et Rodier : Hugues, *op. cit.*, p. 690-691. Olympies fut condamné par défaut, le 3 juillet 1684, à être rompu vif (*ibid.*, p. 641).

[3] Aubignac est un hameau de la commune de Mialet. Jean-Jacques de Vignoles, écuyer, seigneur d'Aubignac, figure dans Falgairolle, *op. cit.*, p. 89.

[4] L'équivalent (de l'aide) était un impôt indirect de 2 deniers par livre pesant sur la viande et le poisson, et d'un sixième du prix du vin vendu au détail. Il appartenait à la province, qui pouvait le gérer et en employer le produit à son gré (H. Monin, *Essai sur l'Histoire administrative du Languedoc pendant l'intendance de Basville* [1685-1719], in-8° de 430 pages, Paris, 1884).

et dans des lieux où il n'a rien à faire. Il s'est établi dans le hameau de Saint-Sébastien, au Mas Icard, après avoir été obligé de se retirer du Collet de Dèze [1], à ce qu'on dit.

En marge : Homme très suspect.

Boisset.

18. Le nommé Rouvière, à présent prisonnier au fort d'Alais [2]. Il est distingué par beaucoup de méchantes actions.

En marge : Scélérat capable de toute mauvaise action.

Saint-Bauzile de Tornac.

19. Pauch de Martinas [3], demeurant au Mas d'Autier [4]. Il a autorité parmi le peuple. Aussi un autre Pauch, rentier de Martinas.

En marge : Dangereux. Il dogmatise.

20. André Barbusse. Il est revenu de Suisse. Claude Cavalier, travailleur de terre, aussi revenu de Suisse. Thomas Roux, cardeur, aussi revenu de Suisse. Raimond Soubeyran, travailleur, qui a été guide. Jacques Lauze, dit Figuière, lequel se glorifie de ne point être catholique, et a fréquenté les assemblées.

Saint-Pierre de Tornac [5].

21. Les nommés Pierre Gautier, potier de terre, Claude Foucard, Jacques Tournon, Colomb, fils de Jean Colomb, cardeur, David Peyre, Jean Corrigier, la plupart revenus de Suisse, et recevant des inconnus.

En marge : Capable de tout contre la religion.

---

[1] Commune de la Lozère.

[2] Cette forteresse royale remplaça les deux châteaux des comtes et des barons d'Alais. La construction, en 1688, des trois forts d'Alais, Nîmes et Saint-Hippolyte, donna des bases d'opérations aux troupes du roi, contre les habitants des Cévennes.

[3] Martinas est un domaine de la commune de Boisset-et-Gaujac (Gard).

[4] Autiers dépend du hameau de Taupessargues, commune de Tornac (Gard).

[5] Tandis que Saint-Baudile ou Bauzile de Tornac désigne la paroisse de Tornac, Saint-Pierre de Sivignac de Tornac désigne un hameau de cette commune, lequel formait autrefois une paroisse distincte, et dont l'église est ruinée (Dictionnaire topographique du Gard).

V

LES CHÂTEAUX DANS LE QUARTIER D'ANDUZE.

1. Le château de Toiras, dans un lieu aplani, proche la rivière de Salendre, est flanqué de quatre tours [1]. On y pourrait faire facilement quelques dehors. Sa situation est avantageuse, étant entre Lasalle, Saint-Jean de Gardonnenque et Anduze. On pourrait tenir par là Saint-Jean, Caderle, Lasalle et Anduze. Au-dessus il y a une tour qui est située sur la montagne, et où l'on pourrait pratiquer un poste avantageux pour une vingtaine d'hommes [2].

2. Le château de Tornac, situé sur la hauteur entre la plaine de Lézan et les environs d'Anduze, proche la rivière du Gardon et le grand chemin de Saint-Hippolyte, Nimes, Montpellier, etc. Il y a une bonne tour, et une entrée difficile [3].

3. Les châteaux de Marcassargues et de Sucilles. Le premier est un gros bâtiment bien situé, derrière Toiras, plus proche de Saint-Jean, et possédé par le sʳ de Marcassargues, vieux garçon très dangereux [4].

Le second est du côté de Mialet, sur une montagne. Il appartient aussi à un homme qui n'est pas sûr [5].

[1] M. Arthur DE CAZENOVE, dans son beau livre : *Quatre siècles* (in-8° de 3o3 pages, Nîmes, 1908), a donné deux vues de ce château, en regard de la page 80. Voir la note 1 de la page 3o [348].

[2] La tour de Toiras figure, ainsi que le château de Toiras, sur la «Carte du territoire d'Alais».

[3] «Tornac doit sa dénomination à la grosse tour carrée qui surmonte les constructions ruinées du château du même nom». (Gratien CHARVET, *Le Monastier de Tornac*, dans le *Bulletin du Comité de l'Art chrétien*, Diocèse de Nîmes, t. II, p. 289.)

[4] Le château de Marcassargues figure sur la «Carte», ainsi que le château de Sucilles.

[5] Voir la note 3 de la page 31 [349].

TABLEAU N° IV.

ARCHIPRÊTRÉ DE LASALLE (1688).

PAROISSES.	ANCIENS CATHOLIQUES.						TOTAL DES ANCIENS CATHOLIQUES.	NOUVEAUX CATHOLIQUES.						TOTAL DES NOUVEAUX CATHOLIQUES.	TOTAL DES ANCIENS ET NOUVEAUX CATHOLIQUES.	DOMESTIQUES.			FUGITIFS.
	HOMMES.	FEMMES.	GARÇONS au-dessus de 12 ans.	FILLES au-dessus de 12 ans.	GARÇONS au-dessous de 12 ans.	FILLES au-dessous de 12 ans.		HOMMES.	FEMMES.	GARÇONS au-dessus de 12 ans.	FILLES au-dessus de 12 ans.	GARÇONS au-dessous de 12 ans.	FILLES au-dessous de 12 ans.			OUVRIERS COMPAGNONS.	VALETS.	SERVANTES.	
Lasalle	17	14	12	5	7	11	66	283	335	154	179	221	224	1,396	1,462	25	12	37	56
Colognac	3	4	»	1	4	2	14	76	77	51	25	63	72	364	378	3	13	11	31
Vabres	3	1	»	»	2	1	7	12	14	11	10	18	11	76	83	»	6	3	1
Toiras	9	3	3	2	6	3	26	79	80	41	43	66	58	367	393	5	14	7	2
Sainte-Croix-de-Caderle	1	1	»	»	»	1	3	36	36	7	3	9	18	109	112	»	4	2	13
Soudorgues	11	12	5	2	7	8	45	151	151	128	136	118	94	773	818	35	28	12	44
Saint-Martin-de-Corconac	1	3	»	»	2	1	7	85	97	72	66	78	80	478	485	6	35	15	27
Peyroles	»	»	»	»	»	»	»	32	36	17	23	21	26	155	155	»	3	3	17
Saumane	»	»	»	»	»	»	»	67	66	71	82	35	57	378	378	»	»	»	»
Saint-Marcel-de-Fontfouillouse	15	9	»	»	15	12	51	196	207	178	149	207	217	1,154	1,205	11	40	23	11
Saint-André-de-Valborgne	15	14	3	5	10	6	53	388	348	220	227	324	334	1,841	1,894	40	30	80	54
Saint-Bonnet-de-Salendrenque	»	1	2	2	»	1	6	21	23	16	13	12	12	87	93	»	11	4	10
Total de l'archiprêtré	75	62	25	17	53	46	278	1,426	1,460	966	956	1,167	1,203	7,178	7,456	125	196	197	266

ARCHIPRÊTRÉ OU QUARTIER DE LASALLE.

I

NOUVEAUX CATHOLIQUES GENTILSHOMMES OU VIVANT NOBLEMENT.

PAROISSES.

Lasalle.

1. Le s[r] de La Roque [1], âgé de plus de 70 ans, demeure à Lasalle.
En marge : Il a eu des emplois considérables. A présent hors d'état de rien faire.

2. Le s[r] de Cornély, fils dudit s[r] de La Roque, âgé de 45 à 50 ans, a deux garçons et quatre filles. L'aîné a environ 18 ans, etc. Il demeure à Lasalle, ou fort proche.
En marge : Emporté, chagrin et dangereux.

3. Le s[r] de Calviac [2], âgé de 50 ans. Il a deux garçons et cinq filles. L'aîné des garçons est âgé de 15 ans, et l'autre de 12 ans. Sa femme, très épiniâtre, jusqu'au scandale. Il demeure à Calviac, [à] demi-lieue de Lasalle.
En marge : Pauvre homme, fort ivrogne, et emporté. Sa femme fait profession de ne point venir à l'église.

Saint-Bonnet.

4. Le s[r] de Saint-Bonnet n'a point d'enfants. Il demeure au château de Saint-Bonnet, [à] un demi-quart de lieue de Lasalle [3]. Il est maintenant aveugle.
En marge : Doux, paisible et sans malice. Il a du service.

[1] La Roque est un domaine de la commune de Lasalle.

[2] Charles des Hours, ou Ursy, écuyer, seigneur de Calviac, domaine de la commune de Lasalle, figure dans FALGAIROLLE, *op. cit.*, p. 74. Il épousa, le 4 octobre 1656, Diane de Sarret, dont il eut : Louis des Hours, seigneur de Calviac, lequel épousa, le 20 janvier 1705, Élisabeth de La Brie (LA ROQUE, *op. cit.*, t. II, p. 172).

[3] Le château de Saint-Bonnet est dans la commune de Saint-Bonnet-de-Salendrenque (ou de Toiras).

5. Le s^r de Saint-Brez [1], frère dudit s^r de Saint-Bonnet, a deux garçons et trois filles. L'aîné est âgé d'environ 3o ans. Il a épousé une fille de Nîmes, et demeure ordinairement à Aubignac, paroisse de Mialet. Le cadet est âgé de 23 ans. Il a pension.

En marge : Douteux et capable d'entreprendre.

Saint-Martin de Corconac.

Peyroles.

6. Le s^r d'Assas, fils du feu s^r d'Assas, coseigneur de Saint-Martin de Corconac, seulement âgé de 12 à 13 ans.

7. Le s^r de Valobscure [2], âgé de 6o ans. Il n'a que des filles, et un petit garçon de 5 ans. Il demeure dans ladite paroisse de Peyroles, à demi-lieue environ de l'église.

En marge : Méchant et dangereux.

8. Le s^r des Abrics [3], son frère, âgé de 55 ans. Son aîné, âgé de 22 ans, son cadet de 18, et sa fille aînée, mariée à un ministre, sont hors du royaume.

Saumane.

9. Le s^r de Rosel du Gas. Il n'est point marié et n'est presque jamais à sa maison du Long [4].

En marge : Très honnête homme dans l'emploi, et fort sûr.

Soudorgues.

10. Le s^r de Peyre [5], âgé et sans capacité.

Saint-André de Valborgne.

11. Le s^r de La Paillole [6]. Il a trois enfants. L'aîné, âgé de 23 ans, envoyé aux Iles [7]. Le second est avec lui, et le troisième à l'école, à Anduze. Il demeure à Saint-André de Valborgne.

En marge : Violent, factieux et fort capable d'entreprendre.

---

[1] Saint-Brès n'est plus qu'une église ruinée de la commune de Lasalle.

[2] Le château de Valobscure ou Valescure est dans la commune de Peyroles. Il est décrit plus bas, V, 6.

[3] Les Abrics sont un domaine de la commune de Peyroles, et un hameau de la commune de Saint-André-de-Valborgne.

[4] Mauvaise graphie. Le château de L'Hom (*de Ulmo*) est dans la commune de Saumane, dominant la rive droite du Gardon.

[5] La tour de Peyre est dans la commune de Soudorgues. Voir plus bas, V, 3.

[6] La Paillole est un domaine de la commune de Saint-André-de-Valborgne.

[7] Voir la note 2 de la page 22 [34o].

12. Le sʳ Saurin de Saint-André, garçon, demeure dans son château de Saint-André, qui est dans le lieu même [1].

En marge : De bon naturel et de bon exemple.

13. Le sʳ de Broche des Barbuts a deux garçons et deux filles, tous en bas âge. Il demeure en sa maison des Barbuts, paroisse de Saint-André [2].

En marge : Assez paisible.

14. Le sʳ du Fesquet [3], frère du sʳ des Barbuts, demeure avec lui aux Barbuts. Il n'est pas marié.

En marge : Honnête homme.

II

NOUVEAUX CATHOLIQUES ACTUELLEMENT DANS LE SERVICE.

Lasalle.

1. Le sʳ de Cornély, lieutenant de cavalerie, dans le régiment de *Mérin-ville.*

En marge : Dangereux.

2. Le sʳ de Nougarède fils, lieutenant dans le régiment de *Masseau.*

En marge : Son père a été dans le service. Il est fort vieux. L'un et l'autre ne valent rien.

3. Le sʳ de Saint-Brez fils, capitaine d'infanterie dans le régiment de *Bourgogne.*

III

NOUVEAUX CATHOLIQUES QUI ONT ÉTÉ DANS LE SERVICE.

Lasalle.

1. Le sʳ de La Roque a été capitaine de cavalerie dans *Vabres* et lieutenant-colonel dans *Ganges.* Il s'est retiré il y a environ 15 ans. Il est fort vieux.

En marge : Homme inutile pour l'exécution, [mais] non pas pour le conseil. Mal intentionné.

[1] Aimar de Saurin, seigneur de Saint-André-de-Valborgne, figure dans FALGAIROLLE, *op. cit.,* p. 85.

[2] Daniel de Broches de Méjanes, sieur des Barbuts, figure dans FALGAIROLLE, *op. cit.,* p. 59. Les Barbuts sont un domaine dominant la rive droite du Gardon.

[3] Le Fesquet est un domaine de la commune de Saint-André-de-Valborgne.

2. Le s^r de Nougarède a été lieutenant d'infanterie pendant 5 ans et capitaine de milice aux Valuz, contre le duc de Savoie [1]. Il y a très long-temps qu'il s'est retiré.

En marge : Inutile à cause de son grand âge, [mais] encore capable de former une entreprise.

3. Le s^r de Saint-Brez a été capitaine dans les régiments de *Sainte-Cécile*, de *Ganges*, et *Gousignan*, environ 12 ans. Il s'est retiré il y a long-temps.

En marge : Il pourrait entreprendre, si l'occasion se présentait favorable pour lui.

4. Le s^r de Saint-Bonnet a été cornette dans *Vabres*, et s'est retiré il y a fort longtemps. Il est à présent aveugle.

En marge : Paisible, et aimant son plaisir.

5. Le s^r de Calviac a été gendarme du Roi, et s'est retiré il y a 7 ou 8 ans.

En marge : Ivrogne et incapable d'aucune entreprise.

Saint-André de Valborgne.

6. Le s^r Caulet de Coularou [2] a servi. Il s'est retiré du service il y a longtemps. Il a commis divers meurtres et se fait craindre par ses vio-lences.

En marge : Brutal, capable d'un mauvais parti.

7. Le s^r de Bouzanquet, a présent premier consul de Lasalle [3], a été maréchal des logis dans le régiment de *Du Gas*. Honnête homme.

---

[1] Le dernier duc de Savoie qui, avant 1689, avait été en hostilité avec la France, fut le jeune Charles-Emmanuel II, né en 1635, ou plutôt ce furent ses oncles, les princes Maurice et Thomas, qui disputèrent, contre la France, la régence à la duchesse Christine, mère du jeune duc, et fille de notre roi Henri IV. Le cardinal Maurice de Savoie et le prince Thomas, après diverses hostilités, s'accommodèrent avec leur belle-sœur en 1642 et entrèrent dans l'alliance de la France. Cela faisait remonter très loin les services militaires de M. de Nou-garède.

[2] Coularou est un domaine de la commune du Vigan (Gard).

[3] Jean Bouzanquet, notaire royal de Lasalle, figure dans Falgairolle, *op. cit.*, p. 59.

IV

NOUVEAUX CATHOLIQUES CAPABLES D'ENTREPRENDRE.

Lasalle.

1. Le s' Cornély, fils du s' de La Roque, lieutenant de cavalerie dans le régiment de *Mérinville*. Il aurait les conseils de son père, qui a fort servi et qui est mal intentionné.

En marge : Homme chagrin, et propre à se tourner du mauvais parti en toute rencontre.

2. Les s" Nougarède père et fils. Le père, toujours affectionné au huguenotisme, le fils, assez conforme aux sentiments du père.

En marge : Famille éloignée de la religion.

3. Le s' de Saint-Brez et son fils le s' d'Aubignac, et son autre fils, capitaine.

En marge : Il[s] suivrai[en]t le mauvais exemple, si l'occasion se présentait.

4. Le s' Dumas, viguier, agirait parmi la populace. La plupart de ses enfants sont hors du royaume.

La même chose [pour] plusieurs bourgeois, savoir le s' Dalgues, avocat [1]; Jean Vignole * avec toute sa famille [2], David Guyon [3] *, Bastide, autrefois relégué; Donadieu, marchand [4]; Coste, bourgeois, autrefois relégué; Portalès, marchand riche [5], gendre du ministre de Quissac; Soulier le dragon.

En marge : Tous ne valent rien, et aideraient de bon cœur à une sédition.

Saint-André de Valborgne.

5. Les s" de La Paillole, du Coularou, de Montgros et son frère; Pascal, médécin, Jacques Pagézy, dit le Cicéron [6].

En marge : Tous vauriens.

[1] Jean Delgue, docteur et avocat, figure dans FALGAIROLLE, *op. cit.*, p. 67.

[2] Jean Vignole, marchand de Lasalle, figure dans FALGAIROLLE, *op. cit.*, p. 89.

[3] David Guyon, bourgeois de Lasalle, figure dans FALGAIROLLE, *op. cit.*, p. 74.

[4] Jean Donnadieu, marchand de Lasalle, figure dans FALGAIROLLE, *op. cit.*, p. 68.

[5] Jean Pourtalès, marchand de Lasalle, figure dans FALGAIROLLE, *op. cit.*, p. 81.

[6] Jacques Pagès (ou Pagezy), marchand à Saint-André-de-Valborgne, figure dans FALGAIROLLE, *op. cit.*, p. 80.

V

LES CHÂTEAUX DANGEREUX DANS LE QUARTIER DE LASALLE.

Saint-Bonnet.

1. Le château de Vignoles, proche l'église de Saint-Bonnet, est dans une situation avantageuse, sur le haut d'une montagne dominant dans tous les environs, sans être dominé. Le bâtiment est bon pour le coup de main, quoiqu'il soit fort en désordre. On pourrait par là contenir Lasalle, Vabres, Monoblet. Au moins faudrait-il s'en assurer.

2. Au-dessous est la maison du s^r de Saint-Bonnet, où demeure le s^r de Saint-Brez, [et] où l'on pourrait se retirer. La montagne la met à couvert du château de Vignoles. Elle est proche la rivière de Salendre.

En marge : La démolir, ou y avoir du monde.

3. De l'autre côté de Lasalle, dans la paroisse de Soudorgues, [à] demi-lieue ou trois-quarts de lieue de Lasalle, il y a deux tours, l'une appelée la Tour de La Fare, et l'autre la Tour de Peyre, qui pourraient servir de retraite à une douzaine d'hommes, et seraient avantageuses pour contenir tout ce quartier, qui est fort vaste, et difficile par le voisinage de la montagne du Liron.

4. Il y a, à Saint-André de Valborgne, un château dans le lieu même, et une tour où est à présent l'horloge. Le château a d'assez bonnes murailles, mais point d'avant-mur de défense. On pourrait en faire un facilement et y établir un corps de garde. La tour domine sur tout le lieu. Elle ne pourrait contenir au plus qu'une vingtaine d'hommes. Saint-André étant composé de 4oo maisons, il serait important de prendre des mesures touchant ces postes.

5. Dans le canton, depuis Peyroles jusqu'à Saint-Marcel de Fontfouilouse, pays affreux, excepté le vallon de Saumane, il y a deux châteaux importants, savoir : celui de Lon [1], proche Saumane, appartenant à M. du Gas, et celui des Plantiers, dans la paroisse de Saint-Marcel, appartenant à M. le marquis de La Charce [2].

[1] Voir la note 4 de la page 43 [361].
[2] Pierre de La Tour-Gouvernet, marquis de La Charce, baron des Plantiers, Aleyrac et Cornillon, seigneur de Montmorin, maréchal de camp, épousa, le 8 septembre 1634, Françoise de La Tour-Gouvernet, dame de Mirabel, et fut maintenu dans sa noblesse, avec ses enfants demeurant en Dauphiné, par jugement souverain du 3 décembre 1668 (La Roque, *op. cit.*, t. I, p. 3o9).

Le premier est moins important, quoique il dût être de beaucoup d'usage, à cause du passage de Saint-Jean de Gardonnenque, de Saint-Martin de Corconac et des autres paroisses voisines en allant vers Saumane et Saint-Marcel; et la même chose pour le retour, à cause de Saint-Marcel, Saint-André de Valborgue et Saumane.

Le second est entre les paroisses de Saumane et de Saint-Marcel, au bord d'un torrent, dans un passage serré et nécessaire, ôtant ou gardant la communication pour tout ce pays-là. Il est assez fort, et l'on pourrait y mettre du monde, jusqu'à 50 et 60 hommes, ou même plus. De façon ou d'autre, il faudrait en être maître, ayant servi de tout temps de retraite à tous les malintentionnés.

6. Dans la paroisse de Peyroles est la maison du s^r de Valescure, laquelle il faudrait démolir. Ce serait un lieu très dangereux, et dont le maître ferait ce qu'il pourrait contre la religion. Cette maison s'appelle Valobscure [1], étant dans un enfoncement affreux à travers des rochers. On pourrait s'y défendre [2].

(1) Voir la note 2 de la page 43 [361].
(2) Tous ces châteaux figurent sur la « Carte du territoire d'Alais ».

TABLEAU N° V

TABLEAU N° V.

ARCHIPRÊTRÉ DE SAINT-HIPPOLYTE (1688).

PAROISSES.	ANCIENS CATHOLIQUES — HOMMES.	ANCIENS CATHOLIQUES — FEMMES.	ANCIENS — GARÇONS au-dessus de 12 ans.	ANCIENS — FILLES au-dessus de 12 ans.	ANCIENS — GARÇONS au-dessous de 12 ans.	ANCIENS — FILLES au-dessous de 12 ans.	TOTAL DES ANCIENS CATHOLIQUES.	NOUVEAUX CATHOLIQUES — HOMMES.	NOUVEAUX CATHOLIQUES — FEMMES.	NOUVEAUX — GARÇONS au-dessus de 12 ans.	NOUVEAUX — FILLES au-dessus de 12 ans.	NOUVEAUX — GARÇONS au-dessous de 12 ans.	NOUVEAUX — FILLES au-dessous de 12 ans.	TOTAL DES NOUVEAUX CATHOLIQUES.	TOTAL DES ANCIENS ET NOUVEAUX CATHOLIQUES.	DOMESTIQUES — OUVRIERS GARÇONS.	DOMESTIQUES — VALETS.	DOMESTIQUES — SERVANTES.	FUGITIFS.
Saint-Hippolyte	21	17	9	8	18	12	87	562	613	234	262	141	158	1,970	2,057	44	32	49	100
Sauve	31	32	9	12	11	19	114	332	387	112	111	252	184	1,378	1,492	9	6	15	76
Monoblet	5	7	3	13	3	7	38	200	250	100	115	119	150	934	972	6	20	6	33
Pompignan	200	207	148	125	146	146	972	15	16	7	4	9	13	64	1,036	6	14	2	»
Cros	4	1	2	»	»	1	8	134	155	77	95	71	90	622	630	1	19	12	20
Durfort	6	5	8	2	7	9	33	140	150	91	102	94	82	658	691	12	11	14	42
Ceyrac	1	2	9	3	3	2	20	1	1	»	»	1	»	3	23	»	9	1	»
Aguzan	»	»	1	»	1	»	2	6	5	2	2	6	4	25	27	»	4	2	1
Conqueirac	4	5	3	6	5	5	28	11	11	9	10	10	8	59	87	»	20	4	1
Ferrières	7	7	8	5	8	7	42	2	1	3	2	»	»	8	50	5	26	4	»
La Cadière	7	5	4	3	8	5	32	36	37	14	31	22	18	158	190	»	7	1	6
Baucels	4	4	2	4	»	2	15	34	34	9	9	11	13	110	125	»	12	9	4
Montolieu	16	16	6	11	7	5	61	»	»	»	»	»	»	»	61	7	13	»	»
Total de l'archiprêtré	306	308	211	192	217	220	1,452	1,473	1,660	658	743	736	719	5,989	7,441	90	191	119	283

ARCHIPRÊTRÉ OU QUARTIER SAINT-HIPPOLYTE.

I

NOUVEAUX CATHOLIQUES GENTILSHOMMES OU VIVANT NOBLEMENT.

PAROISSES.

Saint-Hippolyte.

1. Le s^r Olivier [1], gendre du s^r de La Blaquière de Cros [2]. Il a deux enfants fort petits. Il demeure à Saint-Hippolyte.

En marge : Mélancolique, dissimulé, gardant les apparences.

2. Le s^r Aubanel, originaire de Cézas et demeurant à présent à Saint-Hippolyte. Il est veuf et sans enfants [3].

En marge : Cet homme est à observer, ayant été chef de la révolte. Tout ce qu'il y a de plus considérable à Saint-Hippolyte aborde chez lui. Il ne parle que de la fidelité qu'on doit au Roi, et ne manque à aucun exercice de l'église.

Baucels.

3. Le s^r de Ginestous, fort âgé [4]. Il a quatre filles et quatre garçons. Deux de ses filles sont hors du royaume. Les autres sont mariées, l'une au s^r de Camprieu, proche Le Vigan [5], et l'autre au s^r de Renty, vers Saint-Ambroix [6]. Le fils aîné est marié et demeure à Ginestous [7]. Il a quatre

[1] Pierre Olivier, seigneur de Merlet et de Saint-Félix-de-Pallières, figure dans FALGAIROLLE, *op. cit.*, p. 80.

[2] Il y a plusieurs *Blaquière* dans le Gard. La commune de Cros possède un domaine de ce nom.

[3] Cet Aubanel est qualifié plus bas (IV, 1) de «s^r d'Aubanel». Plus bas encore (IV, 2), notre document déclare qu'Aubanel forma le camp de l'Éternel.

[4] Jacques de Ginestous, seigneur de Ginestous, Baucels et La Cadière, épousa, le 6 juin 1640, Marie de Jossaud, et fut maintenu dans sa noblesse, avec ses frères, par jugement souverain du 5 novembre 1668 (LA ROQUE, *op. cit.*, t. I, p. 229).

[5] Barthélemy et Louis de Boyer, seigneurs de Camprieu, hameau de la commune de Saint-Sauveur-des-Pourcils (Gard), figurent dans FALGAIROLLE, *op. cit.*, p. 59.

[6] Saint-Ambroix appartenait au diocèse d'Uzès.

[7] Le château de Ginestous est dans la commune de Moulès-et-Baucels (Hérault), près de Ganges.

enfants, tous en bas âge. Le second, nommé Saint-Michel, est aussi avec
son père. Il ne sort point de la maison, étant incommodé. Le troisième,
nommé Dupin, est sorti du royaume. Le quatrième, nommé Bonevisset,
est dans le service en France.

En marge : Toute cette famille est pleine de gens d'honneur, mais toujours dominés par leur première religion. Ils sont riches et aiment leur
bien.

Cros.

4. Le sʳ d'Aubanel-Saint-Roman, âgé de 4o ans. Il n'est pas marié.
Il servirait, sans sa pauvreté, qui ne lui permet pas de le faire.

En marge : Il s'est toujours bien comporté.

Saint-Roman.

5. Il y a, à Saint-Roman, un frère dudit sʳ Aubanel-Saint-Roman, encore plus pauvre que lui, vivant en paysan et soupçonné de larcin.

Montolieu.

6. Le sʳ Fouquet, de la famille de Triadou [1], fort vieux. Il a six enfants,
3 garçons et 3 filles. Les deux aînés des garçons, âgés de 35 et 3o ans,
sont sortis du royaume. Celui qui reste a 28 à 29 ans.

En marge : Ce dernier garçon doit être suspect.

Sauve.

7. Le sʳ de Ferrières [2]. Il a quatre garçons. L'aîné, sʳ de Valfons [3], est
marié et n'a que des enfants en bas âge. Le second est le sʳ de Valgrand [4],
capitaine dans la *Mestre de camp.* Le 3ᵐᵉ, le sʳ de Milanges [5], lieutenant
réformé dans le même régiment. Le 4ᵐᵉ n'a que cinq ans. Le sʳ de Ferrières
a pension.

En marge : Le sʳ de Ferrières et sa femme font passablement. Le sʳ de
Valfons et sa femme font bien.

[1] Le château de Triadou est dans la commune de Saint-Bauzile-de-Putois
(Hérault), près de Ganges. François d'Albignac, vicomte de Triadou, figure dans
FALGAIROLLE, *op. cit.,* p. 53.

[2] Ferrières est une commune de l'Hérault, près de Claret. Hercule du Ranc
de Vézénobre, seigneur de Ferrières, Valfons, Valgran et Saint-Jean-de-Roque,
coseigneur de Sauve, figure dans FALGAIROLLE, *op. cit.,* p. 69.

[3] Le château de Valfons est dans la commune de Sauve (Gard).

[4] Valgran ou Vaugran est un domaine de la commune de Soustelle (Gard).

[5] Milange est un domaine de la commune de Valleraugue (Gard), avec mou-
lin sur l'Hérault.

Durfort

8. Le s^r de Beauvoisin [1]. Il a deux fils. L'aîné, marié, se tient dans sa terre de Beauvoisin. Il a des enfants en bas âge [2]. L'autre est hors du royaume, et sert dans les troupes du prince d'Orange. Le s^r Roquier, son gendre, est ordinairement chez lui : homme riche et de petite extraction.

En marge : Le père, plus suspect que je ne pensais. L'aîné fait bien. Le Roquier, dangereux : rien ne peut le retenir que son bien et son peu de bravoure.

Ferrières.

9. Il y a à Ferrières quelques familles de verriers, qui sont composées de cinq ou six hommes.

II

NOUVEAUX CATHOLIQUES ACTUELLEMENT DANS LE SERVICE.

Saint-Hippolyte.

1. Le s^r Lezaud, lieutenant d'infanterie dans le régiment de *Dauphiné*. Converti avant la conversion générale.

En marge : Bien intentionné.

2. Le s^r Valette, lieutenant de cavalerie dans le régiment de *Châtillon*.

3. Le s^r Claparède, capitaine d'infanterie dans le régiment de *Soissonnais*.

4. Le s^r Rouvière, lieutenant de cavalerie dans le régiment de *Cayeu.*

5. Le s^r d'Aubagnan [3], maréchal des logis de la compagnie du chevalier de Gabriac [4], dans *Laumaris.*

Sauve.

6. Le s^r de Valgran de Ferrières, capitaine de cavalerie dans la *Mestre de camp.* Il y a longtemps qu'il n'est venu.

En marge : On dit qu'il est sage.

[1] Jacob de Génas, seigneur de Beauvoisin, épousa, le 7 septembre 1655, Suzanne de La Nogarède, et fut maintenu dans sa noblesse par jugement souverain du 10 décembre 1668 (La Roque, *op. cit.*, t. I, p. 224).

[2] Louis de Génac, seigneur de Durfort et de Beauvoisin. La Roque, *op. cit.*, t. I, p. 224, nous apprend qu'il épousa, en 1682, Olympe Boisson.

[3] Aubagnan est une commune des Landes.

[4] En 1690 on trouve dans le diocèse d'Alais un régiment de milice commandé par M. de Gabriac (*Histoire générale de Languedoc*, t. XIII, p. 619).

7. Le s^r de Millanges, son frère, dans le même régiment. Il était ci-devant lieutenant réformé.

8. Le s^r Aldebert de Liouc [1], lieutenant d'infanterie dans le régiment de *Soissonnais*. Il y a longtemps qu'il n'est venu au pays.

9. Le s^r Marc-Antoine de Liouc, sous-lieutenant dans la marine royale.

Baucels.

10. Le s^r de Boneisset de Ginestous [2], officier, à présent à Phillipps-bourg.

Durfort.

11. Le s^r Martin, surnommé Gassion, lieutenant d'infanterie dans le régiment de *Languedoc*.

En marge : Bon sujet, à qui on peut se fier.

III

NOUVEAUX CATHOLIQUES QUI ONT ÉTÉ DANS LE SERVICE.

Saint-Hippolyte.

1. Le s^r Lafont, âgé de 60 ans, a été capitaine de cavalerie.

2. Le s^r Durand a été cornette.

3. Le s^r Olivier a été cornette.

Baucels.

4. Le s^r de Saint-Michel de Ginestous [3] a été officier dans le régiment de *Rouergue*. Il a quitté à cause de ses incommodités.

Sauve.

5. Le s^r Pierre Aldebert de Liouc a servi trois ans dans le régiment d'*Alais*.

6. Le s^r Jean Malzac, s^r de Blaise [4], a été capitaine de cavalerie pendant 15 ans. Il a 70 ans, et s'est retiré depuis 20 ans. Il a pension.

7. Le s^r de Valfons de Ferrières a été cornette.

[1]. Pierre Aldebert, sieur de Liouc, figure dans FALGAIROLLE, *op. cit.*, p. 54.

[2]. Je crois qu'il faut lire : de Bouisset, etc. Le mas de Bouisset est un domaine de la commune de Murviel-lès-Montpellier (Hérault).

[3]. Il y a plusieurs localités du nom de Saint-Michel dans le Gard et dans l'Hérault.

[4]. Blaise est un domaine de la commune de Lunel (Hérault).

8. Le s^r de Pise de Vabres [1], âgé de 56 ans, a été lieutenant dans le régiment de *Modène* pendant 9 ans, et 3 ans volontaire dans le régiment d'*Alais*.

9. Isaac Affourtit a servi 8 ans.

Durfort.

10. Sr Jean Martin, frère du susdit Martin-Gassion, a été maréchal des logis dans le régiment *Du Gas* pendant 12 ans. Il a été déjà plusieurs fois arrêté, et est toujours incorrigible.

En marge : Il ne faut pas s'y fier.

IV

NOUVEAUX CATHOLIQUES CAPABLES D'ENTREPRENDRE.

Saint-Hippolyte.

1. Le s^r d'Aubanel, quoique apparemment revenu de ses premiers sentiments, est toujours celui de tout ce pays qui est le plus à craindre. L'abord qui est actuellement chez lui, à Saint-Hippolyte, fait voir que le lieu lui est encore fort dévoué. Il serait à propos de trouver quelque moyen de l'éloigner honnêtement de ce pays. Il y a peu à craindre pour Saint-Hippolyte, mais il peut être prêt à se mettre à la tête d'un attroupement dans les quartiers éloignés, étant connu et accrédité parmi tous ceux qui sont mal intentionnés.

En marge : Il garde toutes les apparences possibles, mais c'est le seul parti qu'il ait présentement à prendre.

2. Le s^r Durand, cornette. Il fut un des principaux séditieux lorsque ledit s^r Aubanel forma le camp de l'Éternel [2]. Il a été relégué. Depuis son retour, il garde beaucoup les apparences et semble ne manquer à rien.

En marge : Naturellement fourbe, et toujours factieux.

[1] Certainement parent de Marc-Antoine de Pise, docteur et avocat, seigneur de Claret, figurant dans FALGAIROLLE, *op. cit.*, p. 81.

[2] Dans un « Mémoire sur l'état présent des affaires des Cévennes », reproduit dans l'*Histoire générale de Languedoc*, t. XIV, col. 1635-1638, et daté de Montpellier, 22 décembre 1702, Basville, en pleine guerre des Camisards, jette un regard en arrière : « Ce ne sont point, dit-il, comme on a vu plusieurs fois, des gens rassemblés qui formaient un corps dans le camp qu'ils appelaient de l'Éternel. On savait où ils étaient, on préparait des forces pour les combattre, on allait à eux et cela finissait par une seule action » (*ibid.*, col. 1635). Il s'agit, dans notre texte, du camp de l'Éternel de 1683, date des attroupements protestants de Saint-Hippolyte. Voir la note 2 de la page 20 [338].

3. Le sʳ Olivier, ami particulier dudit sʳ Durand. C'est la même manière d'agir, et, je crois, les mêmes sentiments.

En marge : Fourbe comme l'autre.

4. Le sʳ Soulier, bourgeois. Il a été relégué. Il demeure maintenant à une métairie qui est à mille pas de la ville.

En marge : Esprit mal fait, est toujours inquiet.

5. Le sʳ Arnaud, marchand, lequel a été de plusieurs assemblées. On lui a pardonné, et il n'en vaut pas mieux. Il est naturellement porté aux attroupements.

En marge : Incorrigible.

6. Le sʳ Vasson, garçon qui fait quelque figure.

François Dalgues, dit le Cupidon.

Hermet, du Queylar [1]. Sa femme et ses enfants sont hors du royaume.

De Croye, espèce de noble ci-devant relégué [2].

Eymard, fils du ministre, lequel a prêché dans les rues pour les attroupements.

Louis Bastide, frère du receveur [3]. Opiniâtre sans retour.

En marge : Tous attachés à tout ce qui est contraire à la religion catholique.

Durfort.

7. Le sʳ de Beauvoisin est moins sûr que je ne pensais. Il est fort dans les apparences. C'est un beau-frère du sʳ d'Aubais [4] et du sʳ Rouvière, de

---

[1] Mauvaise graphie pour : *Caylar* ou *Cailar*. Le Caylar est le nom d'une commune de l'Hérault et d'une commune du Gard.

[2] Voir dans l'*Histoire générale de Languedoc*, t. XIV, col. 1344-1345, une lettre de cachet du roi à M. de Croye (3 mai 1686) et un certificat des capitouls de Toulouse pour «Alexandre Dalgue, sieur de Croye, habitant de Saint-Hippolyte en Languedoc» (14 mai 1686), interné à Toulouse.

[3] Ce receveur était Jean Bastide, conseiller du roi, receveur des tailles des diocèses de Nîmes et d'Alais (Falgairolle, *op. cit.*, p. 56).

[4] Louis de Baschi, baron d'Aubais et du Cailar, épousa, le 4 novembre 1673, Anne Boisson, et mourut le 16 juin 1703 (La Roque, *op. cit.*, t. I, p. 41). C'était le père du célèbre érudit le marquis d'Aubais. Charles de Baschi, marquis d'Aubais par lettres patentes de 1724, baron du Cailar, seigneur de Junas, né le 20 mars 1686, au château de Beauvoisin. A la révocation de l'Édit de Nantes, la famille de Louis de Baschi, baron d'Aubais, rentra dans le giron de l'Église, sauf lui-même. Il refusa seul d'abjurer et se réfugia à Genève. «Après le départ de son mari, Anne de Boisson se rendit au château de Beauvoisin, chez sa sœur Olympe de Boisson, femme de Louis de Génas, seigneur de ce lieu. C'est ce qui explique la naissance de d'Aubais dans ce château» (P. Falgairolle, *Le Marquis d'Aubais*, petit in-4° de 131 pages, Clermont-L'Hérault, 1887, p. 14). Voir la note 2 de la page 54 [372].

Nîmes, lesquels sont hors du royaume, et auxquels il est toujours fort uni. Il tient dans sa maison le fils du sʳ Antoine Reynaud, de Nîmes, capitaine dans les troupes du prince d'Orange. Il a d'ailleurs un fils avec le prince d'Orange. Il tient encore dans sa maison la sœur de Tixier, ministre réfugié à Nyon [1], dont le père fut pendu à [La]salle [2]. Le nommé Pourquier, notaire de Durfort, et très pernicieux à la religion, fait toutes ses affaires. Le sʳ Roquier, son gendre, n'est point du tout catholique, et n'en garde que par une crainte servile quelques apparences. Il y a peu qu'il a envoyé du gibier au sʳ d'Aubais, à Genève. Toutes ces circonstances font voir que ce qu'il fait n'est pas dans le cœur. Sa femme et toute sa famille font très mal.

En marge : S'il ne paraît dans l'entreprise, il en sera secrètement plus que personne. Homme pernicieux.

8. Le sʳ Pierre Dumont, bourgeois, et le nommé Pourquier, notaire, surnommé le Guerrier, feraient toutes choses pour une sédition, et ne souhaitent rien tant qu'une révolte.

Sauve.

9 Le sʳ de Vabres [3], qui a été dans le service, entreprendrait. C'est une espèce de gentilhomme riche et fort étourdi. Le nommé Affourtit, qui a aussi servi, tout comme lui. C'est son associé [4].

En marge : Tous deux vauriens et perturbateurs.

10. Le sʳ de Laire, avocat postulant, ci-devant relégué à Narbonne [5], et débitant actuellement toutes les rêveries du temps de la délivrance, et toutes les nouvelles d'Angleterre. Il est riche.

En marge : Séditieux, et ne pourrait se contenir.

11. Le sʳ Devèze, ancien notaire fort riche, dont le fils est à Genève, est actuellement débiteur (qui débite) de nouvelles, et ne pourrait se contenir dans l'occasion. Il serait dangereux parmi le peuple, aussi bien que le sʳ de Laire.

[1] Manuscrit : « Nyons ».

[2] Il est question de ce ministre réfugié, sous la graphie « Teissier », dans Mᵐᵉ DE CHAMBRIER, *Henri de Mirmand et les réfugiés de la révocation de l'Édit de Nantes (1650-1721)*, in-8° de XVIII-430-179 pages, Neuchâtel et Paris, 1910, p. 79, note ; p. 206, et App., p. 19.

[3] Vabres est une commune du Gard, près de Lasalle.

[4] L'article C 167 des Archives de l'Hérault (1687-1688) contient une « Information, par le juge de Sauve, contre Marcellin Asfourtet, pour avoir tenu des propos inconvenants à l'égard du supérieur des Capucins de cette ville ».

[5] Nous avons déjà vu Narbonne servir de lieu de relégation à Mᵐᵉ de Roqueservière (Archiprêtré d'Alais, I, 2).

12. * Un homme de Quissac, diocèse de Nîmes, vient souvent à Sauve et y fait beaucoup de désordre. Il se nomme Bringuier. C'est le principal auteur de tout le mal qui s'y fait et qui s'y peut faire. Il est accrédité dans tout le pays. Son fils aîné et sa belle-sœur sont hors du royaume[1].

V

LES CHÂTEAUX DANS LE QUARTIER DE SAINT-HIPPOLYTE.

Il n'y a point de château, dans le voisinage de Saint-Hippolyte, où l'on puisse mettre du monde, que du côté de Durfort.

1. Il y a dans Durfort une assez grosse tour où l'on pourrait placer une demi-compagnie, et dans la montagne, un vieux château appelé Fressac, lequel domine de tous côtés. La vieille tour est en partie à M. l'évêque de Montpellier, et en partie à M. de Beauvoisin, et le vieux château tout entier [est] à M. de Beauvoisin. On verra ces deux postes en venant d'Alais à Saint-Hippolyte.

En marge : Il faudrait démolir Fressac, et conserver la tour, qui serait une espèce de fort dans Durfort, où il pourrait être nécessaire de contenir les gens, à cause de M. de Beauvoisin, fort intrigué avec les étrangers, comme il a été dit.

2. A Corconne, dans le diocèse de Nîmes, pas loin de Sauve, il y a un bon château où l'on pourrait mettre des troupes. Le lieu est tout catholique[2].

[1] Voir la note 1 de la page 36 [354].
[2] Tous ces châteaux figurent sur la «Carte du territoire d'Alais».

TABLEAU N° VI.

ARCHIPRÊTRÉ DE SUMÈNE (1688).

PAROISSES.	ANCIENS CATHOLIQUES. HOMMES.	FEMMES.	GARÇONS au-dessus de 12 ans.	FILLES au-dessus de 12 ans.	GARÇONS au-dessous de 12 ans.	FILLES au-dessous de 12 ans.	TOTAL DES ANCIENS CATHOLIQUES.	NOUVEAUX CATHOLIQUES. HOMMES.	FEMME.	GARÇONS au-dessus de 12 ans.	FILLES au-dessus de 12 ans.	GARÇONS au-dessous de 12 ans.	FILLES au-dessous de 12 ans.	TOTAL DES NOUVEAUX CATHOLIQUES.	TOTAL DES ANCIENS ET NOUVEAUX CATHOLIQUES.	DOMESTIQUES. OUVRIERS GARÇONS.	VALETS.	SERVANTES.	FUGITIFS.
Sumène	348	380	95	107	84	97	1,111	369	374	87	99	84	95	1,108	2,219	24	25	54	25
Saint-Martial	140	145	167	126	115	104	796	36	32	31	24	22	15	160	956	·	34	23	·
Notre-Dame-de-la-Rouvière	86	99	71	66	78	59	454	17	14	8	7	7	14	67	521	2	14	19	1
Vallerangue	22	15	5	2	21	17	82	554	559	349	302	435	536	2,735	2,817	53	26	52	38
Saint-André-de-Majencoules	267	290	211	170	162	219	1,319	30	30	17	17	20	25	139	1,458	5	33	79	2
Roquedur	10	10	3	3	1	12	39	46	59	38	26	40	40	249	288	·	8	16	11
Saint-Laurent-le-Minier	18	14	9	4	18	17	80	134	127	68	63	81	89	562	642	32	10	[illegible]	6
Saint-Julien-de-la-Nef	10	10	8	14	4	2	38	28	31	23	14	23	14	133	171	·	21	20	6
Saint-Roman-de-Codières	57	60	48	37	36	40	278	56	55	66	64	35	43	319	597	52	36	34	·
Cézas et Cambo	13	14	8	12	8	6	61	18	25	17	17	18	12	107	168	·	31	8	5
TOTAL DE L'ARCHIPRÊTRÉ	971	1,036	625	531	522	578	4,258	1,288	1,306	704	633	765	883	5,579	9,837	168	238	312	96

ARCHIPRÊTRÉ OU QUARTIER DE SUMÈNE.

I

NOUVEAUX CATHOLIQUES GENTILSHOMMES OU VIVANT NOBLEMENT.

PAROISSES.

Sumène.

1. Le s' de La Vernède [1]. Il est marié avec une demoiselle de la famille de Saint-Julien [2]. Il n'a point d'enfant. Il a été dans le service, et aurait recommencé, à ce qu'on dit, s'il avait eu de quoi. Il demeure à Sumène.

En marge : Bon homme, faisant les fonctions de catholique.

Saint-Julien de La Nef.

2. Le s' de Saint-Julien. Il n'est pas marié. Il a un frère et une sœur avec lui. Le frère, âgé de 23 ans, s'en va servir dans la compagnie de cavalerie du s' d'Aubais [3], dans le régiment de *Monbas*. Un autre frère fut décapité lors de l'assemblée de Roquedur [4]. On accuse l'aîné de concussion. Il est mal dans ses affaires. Il serait à propos que M. Sarret, son parent, l'accommodât de sa terre [5]. Il demeure à Saint-Julien [6].

[1] Il y a plusieurs domaines du nom de La Vernède, dans le Gard et dans l'Hérault. Un quartier de la commune de Sumène s'appelle : Les Vernèdes.

[2] Saint-Julien-de-la-Nef est une commune du Gard, voisine de Sumène.

[3] Henri de Baschi, capitaine de cavalerie, épousa, le 1ᵉʳ septembre 1678, Élisabeth de Ricard, dame de Pignan. Il était fils de Charles de Baschi, baron d'Aubais et du Cailar, capitaine de cavalerie dans le régiment de son père, et de Marguerite Causse (LA ROQUE, *op. cit.*, t. 1, p. 41).

[4] L'article C 165 des Archives de l'Hérault (1686) contient des «Informations faites par Daudé, juge du Vigan, contre Théophile Gout, Roland Vernet et leurs complices, au sujet de l'assemblée tenue par les religionnaires à Roquedur ».

[5] Jean de Sarret, doyen en la Cour des aides de Montpellier, épousa Gillette de Sélas, dont il eut : 1. Pierre, seigneur de Saint-Laurent, La Baume, Navacelle, conseiller en la Cour des aides de Montpellier; 2. François, également conseiller. (LA ROQUE, *op. cit.*, t. 1, p. 473.)

[6] Ces MM. de Saint-Julien sont sans doute fils de Jacques de Saint-Julien, seigneur de la Nef, demeurant en son château de Saint-Julien, lequel épousa, le 18 mars 1646, Isabeau Causse. Jacques figure dans LA ROQUE, *op. cit.*, t. 1, p. 464.

En marge : On voit entrer beaucoup de monde, tous les jours de fête, dans le château de Saint-Julien, savoir : les s[rs] de Caucanas [1], Coulon, Missol de Saint-Laurent [2], etc.

3. Le s[r] de Corbière de Saint-Julien, de la même famille. Il a trois enfants fort jeunes. C'est le frère du s[r] de La Vernède. Un troisième, qui avait servi, est sorti du royaume. Il demeure à Figaret [3], dans la paroisse de Saint-Julien.

En marge : La pauvreté et le besoin de secours leur fait tout faire pour la religion.

4. Le s[r] du Mercou [4]. Il a six enfants. Les deux aînés et la fille aînée sont sortis du royaume. Il reste encore deux filles et un garçon de 12 ans. Le s[r] du Mercou, depuis quatre ou cinq mois, se tient au Vigan.

En marge : Débauché. Il a de l'esprit, mais sans conduite. Il était des plus échauffés dans le mouvement de Saint-Hippolyte.

Cézas.

5. Le s[r] Pierre Aubanel. Il est marié et n'a que de petits enfants. Il demeure à Cézas.

En marge : Douteux. Parent d'Aubanel [de] S[aint-]H[ippolyte] [5].

Saint-Roman-de-Codières.

6. Le s[r] Paul Aubanel. Il a trois petits enfants. Il demeure au Bruguier, hameau de Saint-Roman. Ils sont misérables, le précédent et lui.

En marge : Comme l'autre, douteux. La misère les retient.

Notre-Dame de La Rouvière.

7. Le s[r] de Boyer, ci-devant ministre, frère du s[r] de Camprieu [6]. Il a deux enfants en bas âge. Il demeure au Mazel, hameau de La Rouvière.

En marge : Il fait assez bien, et songe à ses affaires.

---

[1] Caucanas est un hameau de la commune de Montdardier (Gard).

[2] Saint-Laurent-le-Minier est une commune du Gard, près de Saint-Julien-de-la-Nef.

[3] Figaret est un hameau.

[4] Le Mercou est un hameau de la commune de Saint-Julien. Jean de la Farelle, seigneur « de Marçou » et de Puechgarenc, figure dans FALGAIROLLE, *Armorial de Nîmes*, p. 71. C'est Jean III de La Farelle, seigneur du Mercou, né en 1638, mort au Vigan le 30 octobre 1699. Il habitait son château du Mercou lors de la maintenue de sa noblesse en 1669 (P. FALGAIROLLE, *La Famille de La Farelle*, Alais, 1896, in-8 de 104-xx pages, avec planches, p. 39).

[5] Voir la note 3 de la page 52 [370].

[6] Voir la note 5 de la page 52 [370].

Saint-André de Majencoules.

8. Le s^r d'Assas de La Roque-Chamfort [1];

Le s^r d'Assas, s^r du Pouget-Chamfort [2];

Le s^r de Cros-Chamfort. Ils demeurent ordinairement à Saint-André de Majencoules.

En marge : On en parle diversement. Le s^r del (*sic*) Cros est en partie seigneur d'Ardailliers [3], où l'on fait très bien.

Valleraugue [4].

9. Le s^r Pierre de La Cour de Montcamp [5]. Il a deux enfants en bas âge ;

Le s^r de La Cour, son frère, âgé de 20 ans.

Il y a encore un autre La Cour, nommé François, âgé de 45 ans, tous de la paroisse de Valleraugue.

En marge : On n'en dit rien de mal.

————

II

NOUVEAUX CATHOLIQUES ACTUELLEMENT DANS LE SERVICE.

Sumène.

1. Le s^r Aigouin, dans les *Cadets*, à Tournai. C'est une famille de ministre converti, qui est très sage.

* *En marge :* Le père est mort exemplairement, après avoir reçu les sacrements. Il expira détestant ses erreurs, et exhortant sa famille à être fidèle à la religion catholique [6].

[1] Chamfort ou Champfort est un hameau de la commune d'Étoile (Drôme). LA ROQUE, *op. cit.*, t. I, p. 31, mentionne un Claude d'Assas, fils d'Antoine d'Assas, seigneur de Chamfort. Claude, marié en 1663, est maintenu dans sa noblesse, avec son père et son oncle Antoine, par jugement souverain du 29 octobre 1668. Dans l'*Armorial* de FALGAIROLLE, Claude est seigneur de La Roque (p. 55).

[2] Noble Antoine d'Assas, sieur du Pouget, figure parmi les témoins laïques du registre de catholicité et d'abjurations GG 12 du Vigan (F. TEISSIER, *Inventaire des Archives communales du Vigan antérieures à 1790*, Nîmes, 1890, in-4° de xi-252 pages, p. 149). Le Pouget est un hameau de la commune de Sumène.

[3] Ardailliers est un hameau de la commune de Saumane (Gard).

[4] Ms. : *Valrogues*.

[5] Pierre de Lacour, sieur de Montcamp, figure dans l'*Armorial* de FALGAIROLLE, p. 75.

[6] Un Pierre Aigoin, de Sumène, apothicaire, était réfugié à Morges en 1698 (cf. Mme DE CHAMBRIER, *op. cit.*, p. 406).

2. Le s^r Olivier, maréchal des logis de M. le marquis de Ganges [1], dans le 2me régiment de dragons de *Languedoc*.

En marge : Homme sûr, à ce qu'on dit.

III

NOUVEAUX CATHOLIQUES QUI ONT ÉTÉ DANS LE SERVICE.

Sumène.

1. Le s^r de La Vernède a été maréchal des logis.

En marge : Pas mal intentionné.

2. Le fils Pierre Gay, neveu du s^r Aubanel, capitaine, a un peu servi.

3. Le s^r Blanc, âgé de 75 ans, a été capitaine d'infanterie et lieutenant de cavalerie. Il y a longtemps qu'il a quitté.

En marge : De même.

Cézas.

4. Le s^r Aubanel a été capitaine de cavalerie et a servi longtemps. Il en a été parlé ci-dessus au quartier de Saint-Hippolyte, n° IV.

Son neveu Pierre Aubanel, qui demeure à Cézas, a été cavalier.

En marge : Voir le n° IV de l'article de Saint-Hippolyte.

Saint-Roman.

5. Le s^r Paul Aubanel, neveu encore du capitaine, a été cavalier. Il demeure dans la paroisse de Saint-Roman.

En marge : Tous deux misérables.

IV

NOUVEAUX CATHOLIQUES CAPABLES D'ENTREPRENDRE.

Sumène.

1. Le fils du s^r Pierre Gay. C'est un étourdi, auquel il ne faut pas se fier, capable de peu de chose, et seulement à craindre en cas que quelque autre le mît à la tête d'un attroupement.

---

[1] Alexandre de Vissec de La Tude de Joannis, seigneur et marquis de Ganges, colonel d'un régiment de dragons, baron des États de Languedoc, épousa, le 8 janvier 1692, Marguerite de Ginestous (LA ROQUE, *op. cit.*, t. I, p. 314).

M. Bligny-Bondurand. 5

2. Jacques Euzière, praticien, très méchant, et capable de tout entreprendre.

3. Jacques Airal, au hameau du Pouget. Sa maison est le refuge de ɔus les inconnus.

4. Joseph Parpaille, demeurant à Sumène. Il a été guide. On l'avait arrêté, et depuis on l'a relâché. Méchant scélérat.

5. Pierre Colognac, à la métairie du s^r de Sumène [1], receleur d'inconnus.

Jaint-Julien de La Nef.

6. Toute la famille de Saint-Julien attend avec impatience l'occasion de remuer, et ferait tout ce qui se pourrait de mal si elle se présentait. Les noms ci-dessus, au n° 1.

7. Le s^r du Mercou [2] et toute sa famille ne vaut pas mieux. Il a étudié pour être ministre, et a prêché tant qu'il a pu qu'on devait partout s'assembler. Une partie de sa famille est hors du royaume et y a contribué apparemment. C'est un débauché dangereux et qui peut parler. Il a été de l'assemblée de Colognac [3].

Saint-Laurent Le Minier.

8. Le nommé Caumisson est un hardi vaurien. Il a des armes chez lui. Il était de l'assemblée de Roquedur. Il se dit domestique de Mr Sarret.

Valleraugue.

9. Le s^r Jean Liron, dit La Perle, bourgeois, parent et ami du prédicant Vivens [4], entreprendrait volontiers, et ferait du mal dans ce quartier-là. Il a actuellement commerce avec le prédicant Vivens, et répand toutes les nouvelles séditieuses. Il s'est retiré à Ganges depuis deux mois.

10. Pierre Bertézène, parent du prédicant [5], retire [chez lui] les inconnus. Il ferait du désordre parmi le peuple.

(1) Jean-François du Fesc, chevalier, baron de Sumène, capitaine de cavalerie, chevalier de Saint-Louis en 1705, épousa, le 15 février 1718, Anne de Saint-Julien (La Roque, op. cit., t. II, p. 101).
(2) Voir la note 4 de la page 63 [381].
(3) Le 6 septembre 1683 eut lieu à Colognac une assemblée des protestants des Cévennes (Histoire générale de Languedoc, t. XIII, p. 27).
(4) Voir les notes 2 et 3 de la page 36 [354].
(5) Antoine Berthézène, de La Bastide, près de Lasalle, 42 ans, figure sur la liste des premiers prédicants donnée par Hugues (Histoire de l'Église réformée d'Anduze, p. 661).

11. *Le nommé Louis Montet, praticien, de la paroisse de Mandagout vient souvent à Taleyrac et à La Valette, hameaux de Valleraugue. Il infecte tout ce quartier-là, où il n'a aucune affaire. Ce serait un perturbateur dangereux et hardi. Son nom est : Le Montet, dit Chicane.

12. *Pierre Roussel, du hameau de La Bessède de Bomperrier, paroisse de Saint-Marcel de Fontfouillouse, est un coureur encore fort dangereux, lequel fait beaucoup de mal dans le quartier de Valleraugue. Il en ferait davantage s'il y avait quelque mouvement. Il a déjà été arrêté : il ne se corrige point.

13. Le nommé Salier est encore très dangereux dans la même paroisse.

<hr>

V

LES CHÂTEAUX DANS LE QUARTIER DE SUMÈNE.

1. Un poste important est le château de Saint-Roman de Codières. Il ne reste qu'une grosse tour carrée, au bas de laquelle est le lieu de Saint-Roman. Elle domine de tous côtés et n'est point dominée. On pourrait la rendre logeable facilement et y établir une compagnie entière, ou au moins une demie. Elle est à une lieue de Sumène, une lieue et demie de Saint-Hippolyte, une lieue ou environ de Lasalle ; [elle est] dans le voisinage de Cros, de Valestalière [1], de Cézas et Cambo, de Saint-Martial ; dans un passage nécessaire pour la communication de tous ces lieux-là, et sur le chemin pour aller de Sumène en Gévaudan par Saint-Jean de Gardonnenque.

2. Un autre poste important, c'est le château de Saint-Julien [de La Nef], attenant presque [à] l'église dudit lieu de Saint-Julien. Il est bien fermé et flanqué. Sa situation est à 2,000 pas de la rivière de l'Hérault, dans un vallon un peu étendu, et au pied des montagnes du voisinage de Roquedur. Il serait maître de la communication de ce quartier-là avec Ganges et tout ce qui s'approche du plat pays.

3. Le Mercou est à un quart de lieue de là, de l'autre côté de la rivière, sur la hauteur. C'est peu de chose, mais si .ces deux endroits étaient occupés par leurs seigneurs dans un mouvement, ils feraient beaucoup de désordre et seraient très incommodes.

4. Le château de Roquedur est presque tout démoli. Il est au-dessous de la montagne, du côté du Vigan, à moitié chemin de Saint-Julien et

---

[1] Valestalière est un hameau de la commune de Monoblet (Gard).

5.

dudit lieu du Vigan. Peu de chose le mettrait en état de défense pour une compagnie, et en ce cas il serait le maître dans tout ce quartier-là. Il faudrait ruiner celui de Saint-Julien. Il y a un hameau autour de ce château de Roquedur, dans lequel on pourrait établir du monde, qui se retirerait, dans l'occasion, dans le château pour se défendre. Il n'y a pas de situation plus dominante ni plus avantageuse. Il appartient à la famille de Vissec [1].

Le château de Roquedur un peu rétabli, avec celui de Saint-Roman et celui de Montdardier, dont il sera ci-après parlé, contiendraient tout ce pays-là, qui est très scabreux (accidenté). Il faudrait démolir ceux qui pourraient incommoder.

5. Il y a à Sumène la tour de l'Horloge, où l'on pourrait mettre du du monde, [il] me semble [2].

[1] Voir, sur la famille de Vissec, La Roque, op. cit., t. I, p. 524.
[2] Tous ces châteaux figurent sur la «Carte du territoire d'Alais».

TABLEAU N° VII

TABLEAU N° VII.

ARCHIPRÊTRÉ DU VIGAN (1688).

PAROISSES.	ANCIENS CATHOLIQUES. HOMMES.	FEMMES.	GARÇONS au-dessus de 12 ans.	FILLES au-dessus de 12 ans.	GARÇONS au-dessous de 12 ans.	FILLES au-dessous de 12 ans.	TOTAL DES ANCIENS CATHOLIQUES.	NOUVEAUX CATHOLIQUES. HOMMES.	FEMMES.	GARÇONS au-dessus de 12 ans.	FILLES au-dessus de 12 ans.	GARÇONS au-dessous de 12 ans.	FILLES au-dessous de 12 ans.	TOTAL DES NOUVEAUX CATHOLIQUES.	TOTAL DES ANCIENS ET NOUVEAUX CATHOLIQUES.	DOMESTIQUES. OUVRIERS GARÇONS.	VALETS.	SERVANTES.	FUGITIFS.
Le Vigan	51	53	17	22	41	34	218	434	467	357	322	323	302	2,205	2,423	32	35	50	84
Mandagout	92	85	93	100	65	70	505	118	125	119	94	75	87	618	1,123	80	10	42	8
Aulas	19	9	6	7	5	1	47	436	423	235	222	223	152	1,691	1,738	"	6	4	82
Molières	6	6	3	6	9	7	37	75	95	60	63	68	66	427	464	3	6	4	15
Esparron	10	12	12	5	7	5	51	"	"	"	"	"	"	"	51	"	"	"	"
Bez	126	139	86	70	87	79	587	"	"	"	"	"	"	"	587	28	9	14	"
Arre	40	48	34	31	36	27	216	"	"	"	"	"	"	"	216	2	1	1	"
Avèze	8	8	6	2	10	10	44	56	62	41	34	45	34	272	316	71	8	4	7
Pommiers	26	32	15	10	21	16	120	11	14	8	9	6	9	57	177	"	3	4	1
Saint-Bresson	35	40	20	26	22	15	158	3	3	2	3	3	3	17	175	"	3	10	"
Alzon	167	197	134	118	115	116	847	"	"	"	"	"	"	"	847	"	28	24	"
Vissec	55	60	65	29	49	42	300	"	"	"	"	"	"	"	300	"	11	5	"
Blandas	80	91	63	59	64	39	396	"	"	"	"	"	"	"	396	"	"	"	"
Rognes	59	59	43	45	54	37	297	36	31	29	26	25	30	177	474	"	26	"	4
Arrigas	106	109	81	62	64	57	479	10	11	8	6	3	9	49	528	"	12	15	1
Montdardier	39	37	40	39	42	35	232	110	84	83	76	58	80	491	723	"	10	11	7
Campestre	88	93	48	46	47	71	363	"	"	"	"	"	"	"	363	"	"	"	"
Aumessas	10	7	8	7	8	5	45	163	204	102	91	135	119	814	859	6	9	5	41
TOTAL DE L'ARCHIPRÊTRÉ	1,017	1,085	774	684	746	666	4,942	1,452	1,519	1,044	946	966	891	6,818	11,760	222	177	193	250

ARCHIPRÊTRÉ OU QUARTIER DU VIGAN.

I

NOUVEAUX CATHOLIQUES GENTILSHOMMES OU VIVANT NOBLEMENT.

Paroisses.

Le Vigan.

1. La famille du s^r de Vallunès. Le s^r de Vallunès a 70 ans [1]. Sa demeure ordinaire est au Vigan. Le s^r Olivier, de Saint-Hippolyte, est son fils aîné [2].

2. Le s^r de La Baume est son second fils [3]. Il a deux garçons et une fille en bas âge. Il demeure ordinairement au Vigan. Il a un frère hors du royaume, qui sert dans les troupes étrangères.

3. Le s^r de Serres [4]. beau-frère du s^r de La Baume, est un vieillard de 80 ans, lequel demeure avec son gendre.

En marge : Ce sont des gens mélancoliques, forts soldats, opiniâtres, capables de conduite, surtout le s^r de La Baume. Il a été longtemps dans la tour d'Aiguesmortes [5], avant de se convertir. Le s^r de Serres n'est pas à craindre, pas même pour le conseil.

[1] Une ordonnance royale du 12 décembre 1662 porte, entre autres, nomination d'Étienne de Saint-Julien de Vallunez pour l'un des quatre conseillers politiques du Vigan (F. Teissier, *op. cit.*, p. 11).

[2] Antoine de Saint-Julien, seigneur de L'Olivier et de Vallunez, figure parmi les habitants du Vigan ayant abjuré de 1683 à 1687 (F. Teissier, *op. cit.*, p. 149).

[3] Madeleine de Philippi-Dupont, femme de noble Jacques de Saint-Julien, sieur de La Baume et de Vallunez, abjure entre les mêmes dates (F. Teissier, *op. cit.*, p. 150). La Baume est un hameau de la commune d'Arre, près du Vigan.

[4] Serres est un hameau de la commune de Bréau-et-Salagosse, près du Vigan. Philippe de Bergier, seigneur de Serres, figure dans l'*Armorial* de Falgairolle, p. 58.

[5] La Tour de Constance, aux remparts d'Aigues-Mortes, «impassible témoin de tant de douleurs et de larmes», ne fut plus destinée qu'aux femmes protestantes surprises à des assemblées religieuses, à partir de l'évasion du camisard Abraham Mazel et de seize de ses compagnons d'infortune, qui eut lieu le 27 juillet 1705 (Charles Sagnier, *La Tour de Constance et ses prisonnières*, Paris, 1880, in-8° de 220 pages, p. 8 et 12).

4. Le s^r d'Arènes [1]. Il sert. C'est un garçon. Sa maison est au Vigan.
En marge : Il est, selon toute apparence, bon serviteur du Roi.

5. Le s^r de La Garde [2]. Il a quatre garçons. L'aîné a 17 ans [et] est aux *Cadets*, à Besançon. Les deux autres, 12 et 13 ans. Le troisième, fort petit. Sa demeure est au Vigan.
En marge : Il n'est pas méchant, mais il peut le devenir. Hardi et inconsidéré.

6. Le s^r de Bringuier de Rieuriez [3], âgé de 50 ans. Il a 3 garçons, tous fort petits. Il est originaire de Saint-André de Valborgne et demeure au Vigan.
En marge : Brutal, fort intéressé, en commerce avec le prédicant Bringuier [4], fort soldat et huguenot.

7. Le s^r d'Assas de Peyregrosse a trois garçons. L'aîné a 14 ans, les deux autres [sont] fort petits. Il demeure l'hiver au Vigan, et l'été sur la montagne de l'Espérou, dans une maison qu'il y a [5].
En marge : Il était catholique avant la conversion générale, et paraît bien disposé.

8. Le s^r Annibal d'Assas, son frère, garçon, dans le service [6].
En marge : Il a voulu quitter le royaume.

9. Le s^r de l'Espigarié [7] a trois garçons. L'aîné a 15 ans et étudie à Montpellier. On l'a retiré depuis deux mois, étant malade. Les autres sont petits. Il demeure ordinairement au Vigan.

[1] Arènes est un domaine dans la commune du Vigan.

[2] La Garde est un domaine dans la commune de Montdardier, près du Vigan. Jean de La Nogarède, seigneur de La Garde, figure dans l'*Armorial* de FALGAIROLLE, p. 79.

[3] Aymar de Béringuier, sieur de Raurié et de Lasfons, figure dans l'*Armorial* de FALGAIROLLE, p. 58. Rieoniès est un hameau de la commune de Molières, près du Vigan. Les graphies *Rieuriez* ou *Raurié* ne se retrouvent plus. Lasfons est un hameau de la même commune. *Bringuier* n'est qu'une contraction usuelle de *Béringuier*.

[4] Voir la note 1 de la page 34 [352].

[5] Claude d'Assas, sieur de Peyregrosse, figure dans l'*Armorial* de FALGAIROLLE, p. 55. Peyregrosse est un hameau de la commune de Saint-André-de-Majencoules, près du Vigan. L'Espérou est une montagne dans les communes de Dourbies et de Valleraugue. Elle porte le hameau de l'Espérou, commune de Valleraugue.

[6] Noble Annibal d'Assas figure dans un livre de levée des deniers royaux et municipaux de la ville du Vigan en 1698 (Arch. comm. du Vigan, CC 37, *Inventaire* de TEISSIER, page 53).

[7] L'Espigarié est un hameau de la commune du Vigan. François Dortet, sieur de L'Espigarié, figure dans l'*Armorial* de FALGAIROLLE, p. 69.

En marge : Il a été l'un des chefs dans le mouvement de Saint-Hippolyte en [16]83 [1], et le serait encore volontiers. Il a pension.

10. Le s^r d'Espériès [2] a laissé un fils fort jeune, en sortant du royaume.

Aulas.

11. La famille de Caladon, dont l'aîné et le chef est le s^r d'Espinasse. Il a plusieurs enfants. Son aîné, appelé Caladon de La Nuège (Lanuéjols) a 20 ans. Il sert. Le second a environ 15 à 16 ans. Il est page de M. de Noailles [3]. Le troisième, âgé de 12 ans, est chez lui. Il demeure proche d'Aulas [4].

En marge : Homme d'esprit et d'intrigue; selon toute apparence, bon serviteur du Roi. Dangereux si cela n'était pas.

12. Son frère, le sieur des Mazes [5], a quatre enfants fort jeunes. Il demeure à Aulas.

Son second frère, appelé Louis de Caladon, s^r de Saint-Paul, est dans le service, et n'est pas marié [6].

Son troisième frère, aussi garçon, appelé Jacques de Caladon, est encore dans le service [7].

Son quatrième frère, appelé Saint-Martin, est hors du royaume. Il a deux ans.

En marge : L'aîné est leur conducteur.

13. Le s^r de Caladon de Boisset est de la même famille. Il n'a pas d'enfant [8].

---

[1] Par suite de surcharges, le chiffre 3 est devenu un 9, ou plutôt le chiffre 9 est devenu un 3, chiffre véritable.

[2] Espériès est un hameau de la commune du Vigan.

[3] Anne-Jules, duc de Noailles, maréchal et pair de France, commandant en chef en Languedoc depuis 1682.

[4] Jean de Caladon, seigneur d'Espinasse et de Lanuéjols, figure dans l'*Armorial* de FALGAIROLLE, p. 60. Voir, sur la famille de Caladon, LA ROQUE, op. cit., t. I, p. 115-116. Espinasse ou Espinassous est un hameau de la commune de Lanuéjols.

[5] Les Mazes sont un domaine dans la commune de Lanuéjols, ou un domaine dans la commune du Vigan.

[6] Louis de Caladon, sieur de Saint-Paul, figure dans l'*Armorial* de FALGAIROLLE, p. 61. Saint-Paul est une montagne de la commune du Vigan.

[7] Jacques de Caladon, sieur de Bréau, figure dans l'*Armorial* de FALGAIROLLE, p. 60.

[8] Étienne de Caladon, seigneur de Boisset, fils de François de Caladon, tué en 1652, figure dans LA ROQUE, op. cit., t. I, p. 116, avec son frère Pierre, seigneur de Clapiès.

Le s' Étienne de Caladon, frère de celui-ci, est dans le service et n'est pas marié.

Le s' François de Caladon, âgé de 20 ans, son autre frère, demeure avec lui.

Ils sont dans le lieu même d'Aulas.

En marge : On ne dit rien de mal d'eux. Ils sont peu considérés.

14. Le s' de La Cour de La Bellière [1] a quatre garçons. Ses deux aînés étaient aux *Cadets* à Brisach, d'où ils sont sortis du royaume et sont allés trouver un oncle qu'ils ont en Hollande. Les deux autres sont chez leur père, âgés, l'un de 15 ans et l'autre de 12 ans. Il demeure à Aulas.

En marge : Il paraît bon homme, et on le croit innocent de la fuite de ces deux enfants.

Bréau.

15. Le s' de Caladon de Caylou a six enfants, tous fort jeunes. Il demeure à Bréau, annexe d'Aulas [2].

En marge : C'est peu de chose.

Le s' de Corbière de Caladon [3], son frère, est dans le service.

En marge : Scélérat achevé.

Le s' de La Coste [4], son autre frère, s'est retiré à Molières. Il n'est pas marié.

Avèze.

16. Le s' d'Assas, du Pont d'Andon, n'est pas marié. Il sert. Sa maison est dans la paroisse d'Avèze, proche du Pont d'Andon [5].

En marge : On le croit catholique.

[1] Charles de La Cour, sieur de La Billière, figure dans l'*Armorial de* Falgairolle, p. 75. La Billière est un hameau de la commune de Taussac-et-Douch, près de Lamalou (Hérault).

[2] Le Caylou est un hameau de la commune de Saumane, près Saint-André-de-Valborgne. Noble François de Caladon, seigneur du Caylou, de Bréau, figure dans les abjurations faites au Vigan de 1683 à 1686 (Arch. comm. du Vigan, GG 12, dans l'*Inventaire* de Taussun, p. 149).

[3] Corbière est un hameau de la commune de Crespinet (Tarn).

[4] La Coste est un hameau de la commune de Saint-André-de-Majencoules. En outre, il y a plusieurs domaines de ce nom aux environs du Vigan.

[5] Le Pont-d'Andon est un pont et un domaine dans la commune de Molières, près du Vigan et d'Avèze. Voir plus bas, V, 4.

Molières.

17. Le s' Guibal, de Cavaillac [1]. Il n'a que de petits enfants. Il demeure à Molières. Il est revenu depuis peu de Hollande. Sa femme est nièce du nommé Roux, roué à Nimes pour crime d'État [2]. Elle ne peut être plus méchante catholique.

En marge : Fort douteux.

Montdardier.

18. Le s' de Montdardier, ci-devant ministre, de la famille de Ginestous. Il n'a qu'une fille, qui a épousé le s' de Ferrières, capitaine de cavalerie. Il demeure dans le château de Montdardier [3].

En marge : Tous deux n'ont que de l'extérieur et point de religion. Ils ne valent rien.

Mandagout.

19. Le s' de Montméjan [4]. Il a des enfants, mais tous petits. Il demeure au hameau de L'Arboux, paroisse de Mandagout. Peu catholique.

Aumessas.

20. Le s' de Bonnels [5] a des enfants, mais tous petits.

Le s' de Tudonnès, père du s' de Camprieu [6], demeure avec lui à Aumessas.

Le s' de La Rode [7]. Il a des enfants. L'aîné a 18 ans, le second 14. Ils demeurent tous a Aumessas.

[1] Cavaillac est un hameau de la commune de Molières-et-Cavaillac, près du Vigan.

[2] Voir plus bas, IV, 15, où le texte est plus explicite.

[3] François de Ginestous, seigneur de Montdardier, figure dans l'*Armorial* de FALGAIROLLE, p. 73. LA ROQUE, *op. cit.*, t. I, p. 228, le désigne comme ministre, et comme fils aîné de Charles de Ginestous, seigneur de La Jurade, puis de Montdardier, qui épousa, le 8 décembre 1624, Jeanne de Bonnail. Cette branche s'est éteinte dans la maison d'Assas, en 1726.

Pour la famille de Ferrières, voir la note 2 de la page 53 [371].

[4] Montméjan est un hameau de la commune de Saint-André-de-Vézines (Aveyron), ou un hameau de la commune d'Ispagnac (Lozère).

[5] Bonnels est un hameau de la commune d'Arrigas, limitrophe d'Aumessas (Gard). La famille Dupont de Bonnels figure dans l'*Inventaire des archives communales du Vigan*, par TEISSIER, notamment p. 202.

[6] Louis de Boyer, seigneur de Camprieu, et Barthélemy de Boyer, seigneur de Camprieu, figurent dans l'*Armorial* de FALGAIROLLE, p. 59.

Tudonnès ne figure pas dans les dictionnaires géographiques.

[7] La Rode est un domaine de la commune de Saint-Félix-de-Pallières (Gard).

Le s^r de Vissec[1] n'est pas marié. [Il] demeure à Aumessas.

Le s^r de Belvézet[2]. Il a deux enfants fort jeunes. Il demeure au hameau de La Viale.

Le s^r des Crozes[3]. Il a des enfants. Les aînés sont hors du royaume, les autres sont petits. Il demeure au Cornier, proche Aumessas.

Le s^r de La Poujade[4]. Il a des enfants fort jeunes. Il demeure au hameau de Campestre[5].

En marge : Toute cette noblesse d'Aumessas n'est que de la rocaille, et ne peut au plus que réfugier des guides et des inconnus.

II

NOUVEAUX CATHOLIQUES QUI SONT ACTUELLEMENT DANS LE SERVICE.

Le Vigan.

1. Le s^r d'Arènes, lieutenant de dragons dans le régiment de *Fimarcon*.

2. Le s^r Annibal d'Assas, lieutenant dans le régiment de la *Marine*[6].

3. Le s^r Étienne d'Assas de Peyregrosse, cornette ou cavalier dans la compagnie du s^r de Ferrières, dans le régiment de *Monbas*.

4. Le s^r de La Fromigère, capitaine dans le régiment de la *Marine*[7].

5. Le s^r Rousset, aide-major dans le 2me régiment de dragons de *Languedoc*.

6. Le s^r de La Pierre, sous-lieutenant dans le régiment de *Dampierre*, dans la compagnie de Se[r]vier.

7. Le s^r de Barral[8], maréchal des logis de la compagnie de dragons de La Corbière, dans *Saint-Pierre*.

[1] Michel-Marc-Antoine-César de Montfaucon, marquis de Vissec et baron d'Hierle, capitaine de dragons au régiment d'Asfeld, figure dans l'*Armorial* de FALGAIROLLE, p. 79, et dans l'*Inventaire* de TEISSIER, notamment p. 227. Mais il s'agit ici d'un Vissec de Belvèze ou Belvézet, probablement.

[2] Moïse de Vissec, seigneur de Belvèze ou Belvézet, figure dans LA ROQUE, *op. cit.*, t. I, p. 524.

[3] Les Crozes sont un domaine de la commune de Valleraugue (Gard).

[4] La Poujade est un domaine de la commune de Bréau-et-Salagosse (Gard).

[5] Campestre est une commune du Gard, près d'Alzon.

[6] Voir la note 6 de la page 73 [391].

[7] Il faut lire *Fromagères*, hameau de la commune de Fournels (Lozère).

[8] Théodore de Barral, sieur d'Arènes, figure dans l'*Armorial* de FALGAIROLLE, p. 56.

8. Le s^r de La Garde-Saint-Germain, aux *Cadets*, à Besançon, et le s^r de Combescure [1] à Tournai.

9. Le s^r de Caladon La Nuège, capitaine d'infanterie dans le régiment de *Foix*.

10. Le s^r de Caladon de Saint-Paul, garde du corps dans la compagnie de Noailles.

11. Le s^r de Caladon, sous-lieutenant dans les fusiliers du *Roi*.

12. Le s^r de Caladon, garde du corps dans la compagnie de Noailles.

13. Le s^r de Cabrières de Caladon [2], capitaine dans le régiment de *Saint-Pierre*.

* *En marge* : Grand scélérat. Il faut voir le mémoire envoyé à M. le comte de Broglie [3].

Avèze.

Le s^r d'Assas, capitaine d'infanterie dans le régiment de la *Marine*.

III

NOUVEAUX CATHOLIQUES QUI ONT ÉTÉ DANS LE SERVICE.

Le Vigan.

1. Le s^r de Vallunès, âgé de 70 [ans], a été capitaine d'infanterie.

2. Le s^r de La Baume, âgé de 30 ans, a servi dans la cavalerie.

3. Le s^r Bringuier de Rieuriez a été lieutenant d'infanterie.

---

[1] Annibal de Guibal, sieur de Combescure, figure dans l'*Armorial* de FALGAIROLLE, p. 74. Combescure est un domaine de la commune de Notre-Dame-de-la-Rouvière (Gard), ou un domaine de la commune de Saint-Félix-de-Pallières (Gard), l'un et l'autre dans l'arrondissement du Vigan.

[2] Il faut lire «de Corbière de Caladon» (voir plus bas, IV, 9). Corbière est un hameau de la commune de Crespinet (Tarn). Il y a aussi : 2. Corbières, hameau de la commune d'Aurelle (Aveyron); 3. Corbière, domaine de la commune de Saint-Étienne-de-Vallée-Française (Lozère), et 4. Corbières, domaine de Saint-Étienne-d'Aubrac (Lozère).

[3] Victor-Maurice, comte de Broglie, lieutenant général en Languedoc, était beau-frère de Basville, dont il avait épousé, en 1666, la sœur Marie, et coopéra étroitement avec lui contre les protestants.

Aulas.

4. Le s^r des Mazes [1] a été garde du corps et lieutenant d'infanterie.
Le s^r de La Coste a servi dans la cavalerie.

Molières.

5. Le s^r Guibal de Cavaillac a servi, je n'ai pu savoir où [2].

————

IV

NOMBREUX CATHOLIQUES CAPABLES D'ENTREPRENDRE.

Le Vigan.

1. Le s^r de La Baume, lequel a quelque service, mais beaucoup
d'adresse et de conduite pour ses fins. Il est soldat et entreprenant, fort
opiniâtre, et catholique à son grand regret. Il est d'ailleurs accrédité.

2. Le s^r de L'Espigarié, lequel a déjà été à la tête des mutins dans le
mouvement de Saint-Hippolyte en [16]83. Il est fourbe, capricieux et
inquiet.

3. Le s^r de La Garde se laisserait entraîner. Il est soldat résolu, pas
capable de donner le premier mouvement, mais de le suivre avec chaleur.

4. Le s^r Liron d'Ayrolles, bourgeois considérable, ayant rapports de
tempérament et de société avec les trois précédents [3].

5. Le s^r de Rieuriez, naturellement mécontent, brutal, déterminé, et
toujours en commerce avec la canaille déclarée contre la religion, surtout
avec le prédicant Bringuier, son ami.

6. Les nommés Pierre, Antoine et Jacques Fesquet sont gens à soulever
le peuple, et à retirer les inconnus.

7. La même chose [pour] Bernassau, ami de Bringuier le prédicant,
Gonse, muletier, Laporte, bâtier, Gaussen, menuisier, François Ricord,
chapelier, l'un des plus mutins à l'assemblée de Roquedur [4], Pouget,
Antoine Cambassédès, Vernet, bourgeois, tous habitants du Vigan.

[1] Les Mazes sont un domaine de la commune du Vigan.

[2] Henry Guibal, ci-devant cornette au régiment de cavalerie de *Sernon*, figure
dans l'*Armorial* de FALGAIROLLE, p. 74.

[3] Le 7 juillet 1690, en présence de l'évêque d'Alais, eut lieu l'élection des
membres du bureau de charité du Vigan. Jacques Liron d'Airolles y figure comme
directeur ancien, élu procureur-syndic (Arch. comm. du Vigan, GG 28, dans
l'*Inventaire* de TEISSIER, p. 157).

[4] Voir la note 4 de la page 62 [380].

8. La même chose encore [pour] les nommés David Vassas et Barrière, tous habitants du hameau de Lauves [1].

Aulas.

9. Le s[r] de Corbière de Caladon, capitaine de dragons. C'est un scélérat achevé, fourbe, traître, et capable des plus grands maux contre la religion [2].

Aumessas.

10. Le s[r] de Belvézet est très mal intentionné. Fourbe, dissimulé et capable de beaucoup de mal s'il en avait l'esprit.

Montdardier.

11. Le s[r] de Montdardier et le s[r] de Ferrière, le premier finement, le second en étourdi et en emporté.

Mandagout.

12. Le s[r] de Montméjan, coseigneur de Mandagout [3]. Il a un frère ingénieur, hors du royaume.

13. Ceux qui auraient le plus de crédit parmi la populace sont, à Aumessas : les nommés André Ferrière, serrurier, le fils de Pierre Arminguier, et Pierre Puliol. Dans la Paroisse du Vigan [4] il y a, outre les susnommés, les métayers de L'Esplantier [5] et du Mas-Parent [6], tous capables de recevoir des inconnus et d'agir avec eux. A Mandagout, le nommé Montet La Chicane.

Roquedur.

14. Antoine Cambassédès, du Mas de Lasalle [7]; Antoine Laporte, dit Le Prince; Étienne Ribout, du même lieu; Ducros père et fils, du lieu de Montels [8]; Jacques Coste, du Mas de l'Omède [9], espèce de prédicant. Jacques Coste et Pierre, son frère, sont tous très dangereux.

[1] Ms. : *Loüez.*

[2] Voir la note 2 de la page 78 [396].

[3] Il était primé par Jean d'Albignac, baron d'Arré et de Mandagout, qui figure dans l'*Armorial* de FALGAIROLLE, p. 54.

[4] La *Paroisse-du-Vigan* était la banlieue de la ville. Cf. l'*Inventaire* de TEISSIER, et mes *Cahiers de la Sénéchaussée de Nîmes en 1789*, t. 1, p. 400.

[5] Les Plantiers, domaine dans la commune du Vigan.

[6] Le Mas-Parran, domaine dans la commune du Vigan, figure dans l'*Inventaire* de TEISSIER.

[7] Lasalle est un hameau de la commune de Roquedur.

[8] Montels est un hameau de la commune de Roquedur.

[9] L'Omède est un hameau de la commune de Roquedur, orthographié *Laumède* sur la carte de l'État-Major, dont les graphies sont généralement très mauvaises.

Molières.

15. Le sʳ de Cavaillac, revenu de Hollande avec des lettres de M. d'Avaux [1], doit être très suspect. Allié de Roux, roué à Nîmes pour avoir voulu faire, hors du royaume, une ligue entre la Hollande, la Suisse et l'Angleterre contre l'État [2].

V

CHÂTEAUX DANS LE QUARTIER DU VIGAN.

1. Un poste absolument nécessaire est celui de Montdardier. C'était une forteresse autrefois bâtie par les Anglais. On en a démoli la plus grande partie et on y a bâti une maison. Il y reste encore une clôture de fortes murailles, qu'il serait aisé de réparer. Sa situation ne peut être plus avantageuse, dominant de tous côtés sans être dominé. Il faudrait ou occuper ce château, ou le démolir.

En marge : Il appartient au sʳ de Montdardier, ministre converti, et le sʳ de Ferrière, son gendre, doit l'avoir par succession. Tous deux ne valent rien. J'en ai parlé ci-devant.

2. Dans une plaine au-dessous, qu'on appelle le causse de Blandas [3], est le château d'Assas [4], dans lequel on pourrait jeter du monde, en cas que

[1] Nous avons vu plus haut (I, 17) que M. de Cavaillac était un Guibal.

Jean-Antoine, comte d'Avaux, diplomate, petit-neveu de Claude de Mesmes, comte d'Avaux (1640-1709), fut plénipotentiaire au traité de Nimègue (1678), ambassadeur en Hollande, en Angleterre, en Suède, où il prépara la paix de Ryswick (1697); puis ambassadeur en Hollande, pour y faire reconnaître Philippe V (1701-1702).

[2] Entre la coalition de 1673, où Guillaume d'Orange réunit contre Louis XIV la Hollande, l'Empereur, l'électeur de Brandebourg, les princes de l'Empire, les rois d'Espagne et de Danemark, et la seconde coalition ou ligue d'Augsbourg (1686), qui réunit presque toute l'Europe contre l'ambition démesurée du roi de France, il y eut donc au moins cette tentative. Il est à croire que ce Roux, dont il n'est pas question dans l'*Histoire générale de Languedoc*, fut en rapports étroits avec Claude Brousson, né à Nîmes, avocat de Toulouse retiré à Lausanne, où il fut l'instigateur obscur de la ligue d'Augsbourg. Claude Brousson fut roué vif à Montpellier, sur la place du Peyrou, le 4 novembre 1698.

[3] On appelle *causse*, dans les Cévennes, un plateau calcaire élevé, dominant les étroites vallées ou *cagnons* creusés par les érosions géologiques dans les épaisses formations jurassiques. Ce mot vient du roman *causse*, du bas-latin *calsum* et du latin *calx*.

[4] Le château d'Assas est dans la commune de Blandas (Gard).

M. Bligny-Bondurand.   6

celui de Montdardier fût occupé par les mutins. On pourrait aussi s'y établir et s'y défendre, et aller jusqu'à Montdardier assez facilement.

3. Environ à trois-quarts de lieue du Vigan, proche le bourg de Mandagout, est le château de Mandagout, qui est fort pour sa situation et pour son enceinte. Il est planté entre Le Vigan, Valleraugue, le derrière de L'Espérou, Saint-André de Majencoules, Aulas, Aumessas. Il appartient au marquis d'Arre, qui serait apparemment dans le parti catholique[1].

4. A côté du Vigan, à demi-lieue en allant à Bréau, est le château du Pont d'Andon. Il est sur un passage nécessaire pour tout le Rouergue, surtout dans les débordements. Le bâtiment est petit, mais assez bien flanqué, et de défense. Il appartient au s' d'Assas, capitaine dans le régiment de la *Marine*. Sa mère, très méchante catholique, y demeure[2].

[1] Voir la note 3 de la page 80 [398].

[2] Le 16 janvier 1691, François d'Assas, seigneur de Lavit, capitaine au régiment de la *Marine*, fils de feu François d'Assas et d'Anne de Maystre, habitant son château de Pont-d'Andon, paroisse de Molières, âgé d'environ 28 ans, épousa Madeleine de Fouquet, habitant le Vigan, âgée d'environ 16 ans. Ces jeunes gens furent les grands parents du chevalier d'Assas, le héros de Clostercamp (Arch. comm. du Vigan, GG 12, dans l'*Inventaire* de Teissier, p. 150). Tous ces châteaux figurent sur la «Carte du territoire d'Alais».

TABLEAU N° VIII.

ARCHIPRÊTRÉ DE MEYRUEIS (1688).

| PAROISSES. | ANCIENS CATHOLIQUES. | | | | | | TOTAL DES ANCIENS CATHOLIQUES. | NOUVEAUX CATHOLIQUES. | | | | | | TOTAL DES NOUVEAUX CATHOLIQUES. | TOTAL DES ANCIENS ET NOUVEAUX CATHOLIQUES. | DOMESTIQUES. | | | FUGITIFS. |
	HOMMES.	FEMMES.	GARÇONS AU-DESSUS de 12 ans.	FILLES AU-DESSUS de 12 ans.	GARÇONS AU-DESSOUS de 12 ans.	FILLES AU-DESSOUS de 12 ans.		HOMMES.	FEMMES.	GARÇONS AU-DESSUS de 12 ans.	FILLES AU-DESSUS de 12 ans.	GARÇONS AU-DESSOUS de 12 ans.	FILLES AU-DESSOUS de 12 ans.			OUVRIERS COMPAGNONS.	VALETS.	SERVANTES.	
Meyrueis..........	73	69	38	33	52	43	308	343	376	244	208	204	226	1,601	1,909	20	42	38	46
Lanuéjols..........	129	167	37	15	70	60	478	4	10	12	5	6	5	42	520	14	55	5	4
Gatuzières..........	6	7	9	6	4	5	37	45	49	39	28	47	36	244	281	"	16	5	4
Trèves..........	112	105	69	84	77	78	525	"	"	"	"	"	"	"	525	"	"	"	"
Dourbies..........	176	194	160	120	133	128	911	14	15	9	8	11	11	68	979	2	5	10	"
Saint - Sauveur - des - Pourcils..........	53	62	47	44	33	27	266	13	7	10	4	6	4	44	310	"	6	4	10
Noure - Dame - de - Bonheur..........	1	2	1	1	2	2	9	1	2	10	5	6	4	28	37	"	1	1	"
Revens..........	43	46	36	29	35	26	215	"	"	"	"	"	"	"	215	"	4	"	"
Total de l'archiprêtré........	593	652	397	332	406	369	2,749	420	459	324	258	280	286	2,027	4,776	36	129	63	64

ARCHIPRÊTRÉ OU QUARTIER DE MEYRUEIS.

I

NOUVEAUX CATHOLIQUES GENTILSHOMMES OU VIVANT NOBLEMENT.

PAROISSES.

Meyrueis.

1. Le s^r de Mallian. Il a un garçon âgé de 20 ans. C'est un gentilhomme du Rouergue qui est venu s'établir dans le château de Roquedols, et qui, depuis l'ordre qu'on lui a fait signifier d'en laisser le jouir et domaine, est venu s'établir à Meyrueis avec sa famille [1]. C'est un très pernicieux personnage, chicaneur en tout et entreprenant.

En marge : Rien n'est plus nécessaire que de le faire retirer entièrement dans son pays.

2. La famille de Pourcharesse [2]. L'aîné, appelé Saint-André, est marié à Florac. Le second et [le] troisième sont sortis du royaume. Le quatrième est le s^r d'Aire [3], leur neveu, fort incommodé, lequel demeure à Arre, proche Le Vigan.

En marge : Ledit s^r de Saint-André vient à présent demeurer à Roquedols, de concert avec le s^r de Mallian.

---

[1] La baronnie de Meyrueis fut inféodée, le 21 avril 1712, par les commissaires du Conseil, moyennant 180,000 livres. Roquedols était un fief de la baronnie (Fr. GERMER-DURAND, *La Baronnie de Meyrueis au XVIIIe siècle*, p. 1, 7 et 8, Mende, 1902, in-8°). Le château de Roquedols est dans la commune de Meyrueis (Lozère).

[2] Il faut lire : *Pourcarès*. Le hameau de Pourcarès est dans la commune de Meyrueis. Pierre de Pages, baron de Pourcarès, seigneur de Férussac, Roquedols, Saint-André, Tournemire, gouverneur de Meyrueis pour le roi en 1647, obtint l'érection de la terre de Pourcarès en baronnie, par lettres patentes de décembre 1647, et fut maintenu dans sa noblesse par jugement souverain du 26 mars 1670. Son fils aîné Jacques de Pages, baron de Pourcarès, seigneur de Saint-André, épousa, le 29 octobre 1671, Suzanne Bonniol (LA ROQUE, *op. cit.*, t. 1, p. 385).

[3] Aires, Ayres, ou Les Ayres, est un hameau de la commune de Meyrueis. L'ancien château est encore bien conservé. Un Bernardin de Grégoire des Gardies de Saint-Rome, seigneur d'Aires, figure dans l'*Armorial* de FALGAIROLLE, p. 73.

Gatuzières.

3. Le s^r de Gatuzières, âgé de 60 ans, a des garçons. Deux sont dans le service. Il demeure à sa maison de Gatuzières [1].
En marge : Pauvre homme.

Lanuège (Lanuéjols).

4. Le s^r de Vébron âgé de 70 [ans]. Il a des enfants. L'aîné, nommé Lanuège, n'est pas encore marié. Il demeure avec lui. Le cadet, nommé Vébron, demeure à Florac, où il est marié. Il sert, et vaut mieux que toute sa race [2],
En marge : Vieux fou, étourdi et dangereux. Son fils aîné [est] fourbe et artificieux.

5. La famille d'Espinassous [3]. Le père est hors du royaume. Il a laissé quatre enfants. L'aîné, qui est d'un premier lit, a 25 ans au moins. Les trois autres, 14, 12 et 11 [ans]. L'aîné s'appelle Bossuge [4],
En marge : Cet aîné paraît doux, honnête et catholique [5].

Saint-Sauveur [des Pourcils].

6. Le s^r de Camprieu, aîné de la famille de Boyer. Il n'a pas d'enfants. Il a un frère avec lui, nommé Cabrue(?), âgé de 30 ans [6]. Le s^r de Castel-

---

[1] Claude de Valat, seigneur de Gatuzières, figure dans l'*Armorial* de Faleai-rolle, p. 87. Gatuzières est une commune de la Lozère, près de Meyrueis.

[2] Vébron est une commune de la Lozère, dans les environs de Florac. Jean de Fujol, seigneur de Vébron et de Lanuéjols, épousa, le 27 avril 1645, Madeleine du Pont d'Espinassous, dont il eut : Jean-François de Fujol, seigneur de Vébron et de Lanuéjols, qui épousa, le 14 juin 1683, Jeanne de Malafosse de La Fayolle (La Roque, *op. cit.*, t. I, p. 219).

[3] Ms. : *De L'Espinassou.*

[4] Hérail du Pont de Bossuges, seigneur d'Espinassous, épousa, le 2 septembre 1659, Louise d'Arbous. Il eut, de son second mariage avec Judith de Brunet : 1. Jean du Pont de Bossuges, seigneur d'Espinassous et de Monguiran, garde du corps du roi, cornette dans la compagnie de Villeroy, et qui acquit, en 1732, de Marie de Maillan, veuve de Pierre d'Albignac, baron d'Arre, les terre et baronnie de Pourcarès, dont dépendaient le château de Roquedols et Férussac; 2. Pierre; 3. François (La Roque, *op. cit.*, t. I, p. 188).

[5] On peut conclure de la note précédente que cet aîné disparut de bonne heure, et en tout cas sans postérité.

[6] La graphie *Cabrue*, incertaine, comme la graphie *Calrue* (voir plus bas : III, 4). *Cabrue* et *Calrue*, graphies incertaines, désignent évidemment le même personnage.

rey, leur oncle, est un homme de 70 ans, sans enfants. Le sʳ de Camprieu et son frère demeurent une partie de l'année à Camprieu, paroisse de Saint-Sauveur des Pourcils, et l'autre au Rey, proche Le Vigan. Le sʳ de Castel-rey se tient le plus ordinairement dans une maison proche ledit lieu du Rey, sur le grand chemin du Pont de l'Hérault au Vigan [1].

En marge : Toute cette famille est sortie du royaume, à la réserve du grand-père, qui a 80 ans et est aveugle. Il est au Vigan.

La catholicité et le huguenotisme sont mêlés, il y a longtemps, dans cette famille. Elle a toujours été partagée, les uns catholiques, les autres huguenots.

Ils suivirent le torrent à cause de la famille de Ginestous, dont le sʳ de Camprieu est beau-frère.

<hr>

II

NOUVEAUX CATHOLIQUES QUI SONT ACTUELLEMENT DANS LE SERVICE.

Meyrueis.

1. Le sʳ de Bro [2], capitaine dans le régiment de *Vexin.*

2. Le sʳ de La Prade [3], lieutenant dans le régiment d'*Arnofini-Cavalerie.*

Gatuzières.

3. Le sʳ de Monségou [4] de Gatuzières, capitaine dans *Picardie*, 3ᵐᵉ ba-taillon [5].

4. Le sʳ de Fontez, son frère, sert dans la compagnie d'Ouziller, qui n'est pas encore incorporée [6].

[1] Louis de Boyer, seigneur de Camprieu, Barthélemy de Boyer, seigneur de Camprieu, et Jean de Boyer, sieur de Castelrey, figurent dans l'*Armorial de Fal-gairolle*, p. 59.

[2] Il faut lire *Bru*, hameau de la commune de Veyreau (Aveyron), dans les environs de Meyrueis.

[3] La Prade est un domaine dans la commune de Lanuéjols (Gard), aux en-virons de Meyrueis.

[4] Ms. : *Monsegust.*

[5] Monségou est un domaine de la commune de Lamentélarié (Tarn). Voir, sur la famille d'Hue de Monségou : La Roque, op. cit., t. I, p. 260.

[6] Fontès est une commune de l'Hérault.

Lanuège [1].

5. Le s^r de Vébron, à Lanuège, capitaine-lieutenant de la colonelle du régiment de *Vivarais*. Il vaut mieux que tout le reste de sa famille.
En marge : Honnête homme.

III

NOUVEAUX CATHOLIQUES QUI ONT ÉTÉ DANS LE SERVICE.

Meyrueis.

1. Le s^r de Colignon, âgé de 55 ans, a été maréchal des logis et passe pour résolu [2].

Lanuège.

2. Le s^r de Vébron père, fort longtemps capitaine de cavalerie.

3. Le s^r de Lanuège, son fils, a été capitaine d'infanterie.

Saint-Sauveur des Pourcils.

4. Le s^r de Calrue (?), frère du s^r de Camprieu, demeurant avec lui à Camprieu, paroisse de Saint-Sauveur, a été sous-lieutenant [3].

IV

NOUVEAUX CATHOLIQUES CAPABLES D'ENTREPRENDRE.

Meyrueis.

1. Le s^r Malian, beau-frère du s^r de Pourcharesse, lequel s'était emparé du château de Roquedols, et qui ne peut quitter ce pays-là, ayant pris, depuis l'ordre de M. le comte de Broglie, maison dans Meyrueis, et fait établir dans Roquedols le s^r de Saint-André avec la dame de Mallian et le le reste de sa famille. Il a un fils âgé de 20 ans.
En marge : C'est une peste dans ce quartier-là. Il est très nécessaire de le renvoyer en Rouergue, d'où il est venu [4].

[1] Aujourd'hui : Lanuéjols (Gard).
[2] Pierre de Colignon, seigneur de Saint-Sauveur [des Pourcils], figure dans l'*Armorial* de FALGAIROLLE, p. 63.
[3] Voir la note 6 de la page 87 [405].
[4] Voir plus haut, I, 1.

2. Le s^r de Collignon, âgé, beau-frère du s^r de Cadenoux, lequel, depuis la désertion du s^r de Cadenoux, s'est saisi du château de Saint-Sauveur [des Poureils], s'étant accommodé avec le Domaine.

En marge : Il garde assez d'apparences. Au fond, il ne faut pas s'y fier.

Lanuège.

3. Les s^{rs} de Vébron, père et fils, le père pour parler, et le fils pour agir secrètement; le père, vieux routier, grand menteur et conteur de nouvelles et séditieux; le fils, fourbe, toujours rampant, mêlant son venin avec des apparences de zèle.

Meyrueis.

4. Le fils aîné du s^r de Couderc, ministre, moins déclaré, mais aussi méchant que son père et son frère [1].

V

LES CHÂTEAUX DANS LE QUARTIER DE MEYRUEIS.

1. Le château le plus important de ce quartier est celui de Roquedols, [à] un quart de lieue de Meyrueis. Il est sur le chemin de Meyrueis à la montagne et sur le causse. Il est posté proche un grand bois, sur le bord d'une petite rivière, point dominé pour le coup de main, dans (sur) une éminence qui en réserve l'avenue, bien bâti et flanqué. On y peut établir une compagnie d'infanterie. Ce château est considérable, à cause de Meyrueis, dont il sera toujours comme la citadelle, et aussi à cause de la montagne, dont il est le maître. Il ôte, de plus, ou conserve la communication avec tout le pays, en allant de Meyrueis en haut, vers Dourbie et le causse.

2. Le château de Saint-Sauveur est encore un poste considérable, plutôt à démolir qu'à conserver, à moins qu'on ne voulût rendre libre la communication de Meyrueis à Dourbies et dans tous les environs. Il est comme un entrepôt entre Meyrueis et Dourbies. Ce serait une retraite favorable pour les mutins.

3. Le château d'Espinassous, qui est au-dessous, dans la paroisse de Lanuège, n'est qu'un trou, mais qu'il serait encore important de saisir. C'est une espèce d'abîme dont on peut bien défendre l'abord, et il y a une

[1] Voir, sur Pierre Couderc, ministre réfugié, et son fils, les frères de notre texte, Mme de CHAMBRIER, *op. cit.*, p. 187, 206, 356, note; et *App.*, p. 19.

fausse porte par où l'on va dans des cavernes affreuses, et où l'on peut
facilement se sauver, après s'être bien défendu.

4. Sur le causse, c'est-à-dire dans la plaine de Lanuège, est le château
de Rogès, appartenant au s' de Sumène, ancien catholique. C'était, pendant les guerres de religion, un poste fort disputé. On est maître de la
plaine dès qu'on l'occupe[1].

[1] Rogès est un domaine dans la commune de Lanuéjols. Sur M. de Sumène,
voir la note 1 de la page 66 [384].
  Tous ces châteaux figurent sur la «Carte du territoire d'Alais».

184

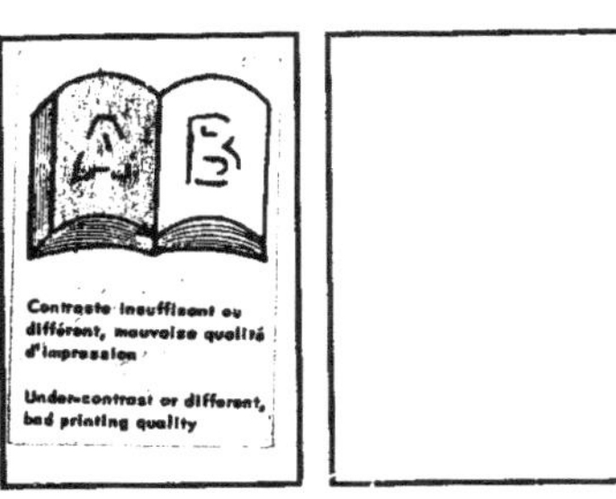
Contraste insuffisant ou
différent, mauvaise qualité
d'impression

Under-contrast or different,
bad printing quality

www.ingramcontent.com/pod-product-compliance
Lightning Source LLC
Chambersburg PA
CBHW051237070726
47594CB00013B/668